이화유치원 교육과정 운영의 실제

만 4세 ❻ 동네와 지역사회

이화유치원 교육과정 운영의 실제

만 4세

6 동네와 지역사회

이화여자대학교 사범대학 부속이화유치원

(주)교 문 사

머리말

올해로 97년의 오랜 역사와 전통을 자랑하는 이화유치원은 우리나라에서뿐만 아니라 전 세계에서 탁월한 유아교육을 실행하는 유치원으로 높이 평가받고 있습니다. 이화유치원은 이에 긍지와 자부심, 책임감을 가지고 있으며, 무한한 가능성을 가진 유아들이 바르고, 착하고, 아름답게 자랄 수 있도록 최적의 교육환경과 교육과정을 제공하기 위해 항상 노력하고 있습니다. 더 나아가 미래사회를 책임질 유아들의 건강한 성장과 발달을 위해 끊임없이 새로운 프로그램을 개발하고, 유아교육의 질을 제고하기 위한 연구를 지속하여 유아교육 발전을 선도해 가고 있습니다.

유아의 성장 및 발달에 적합한 환경과 교육과정으로 질 높은 유아교육을 충실히 실행하는 것이 이화유치원의 중요한 사명 중 하나라면 또 다른 중요한 사명은 유아의 발달 및 유치원 교육과정, 교수방법, 교육환경 등에 관한 연구를 수행하고 그 결과를 출판하여 보급하는 것입니다. 이에 따라 이 책 『이화유치원 만 3, 4, 5세 교육과정 운영의 실제』는 이화유치원의 중요한 사명을 성공적으로 완수해 낸 결과물인 것입니다.

이화여자대학교 사범대학 부속이화유치원에서 1992년과 1995년 두 번에 걸쳐 『만 3, 4, 5세 어린이를 위한 유치원 교육과정 운영의 실제』를 출판한 지 어느덧 16년이 지났습니다. 2004년에 이화유치원 창립 90주년 기념행사를 성황리에 개최한 이후 새로운 『만 3, 4, 5세 유아를 위한 이화유치원 교육과정 운영의 실제』를 출판하기 위한 준비 및 집필 작업을 계속해 왔고 드디어 2011년에 출판하게 됨을 매우 기쁘게 생각합니다.

『이화유치원 만 4세 교육과정 운영의 실제』의 1학기 생활주제는 「즐거운 유치원」, 「나」, 「봄」, 「가족」, 「동물」, 「동네와 지역사회」, 「여름」이고, 2학기 생활주제는 「교통기관」, 「우리나라」, 「소비생활」, 「가을」, 「겨울」입니다. 기존 만 4세 교육과정 운영의 실제에서 제시한 생활주제 중 「나와 가족」을 「나」, 「가족」으로 분리했고, 「즐거웠던 여름방학」과 「즐거웠던 겨울방학」을 각각「여름」과 「겨울」 생활주제로 통합했습니다. 또한 「동네와 지역사회」와 「소비생활」

을 새로운 생활주제로 추가했습니다.

『이화유치원 만 4세 교육과정 운영의 실제』는 동일하게 3개의 장으로 구성되어 있습니다. 1장에서는 각 생활주제 선정의 의의와 교육 목표를 소개했습니다. 생활주제에서 다루어야 할 학습 내용을 2~5개의 주제로 구분하고, 주제별로 교육 목표와 내용을 설명했습니다. 2장에서는 교육환경에 대해 소개했습니다. 원내와 교실의 흥미 영역을 교육 내용에 적합하게 구성하는 방법을 설명했고, 사진을 실례로 소개했습니다. 3장에서는 생활주제에 적합한 교육활동을 주제별로 소개했습니다. 교육활동의 전개 방법에서는 유아들이 흥미를 가지고 능동적으로 참여하여 교육 내용을 이해하고 학습할 수 있도록 하기 위해 교사가 만 4세 유아들의 발달 수준, 지식, 경험 등에 적합한 교육적 대화를 어떻게 나누는지를 소개하는 데 중점을 두었습니다. 이 책에 수록된 교육활동을 현장에서 실시할 때 도움이 되도록 교사의 질문 및 언어적 상호작용을 구체적으로 자세하게 기술하였고, 내용을 쉽게 이해할 수 있도록 사진 및 삽화를 수록했습니다. 활동 시 참고할 사항을 Tip으로 제시했고 유의점에 주의해야 할 사항을 설명했습니다. 또한 확장활동 및 관련활동을 제시하여 교육활동들 간의 연계성을 강조했습니다. 부록에는 주간교육계획안과 일일교육계획안의 예시를 수록하여 실제 교육계획안 수립 시 참고할 수 있도록 했습니다.

이화유치원에서는 교육과정의 학습경험 설정 및 효과적 조직에서 요구되는 세 가지 준거—계속성(continuity), 계열성(sequence), 통합성(integraty)—를 갖추고자 지속적인 연구와 노력을 거듭하고 있습니다. 이 책에서는 만 3, 4, 5세 교육과정 간 계속성, 계열성, 통합성에 초점을 맞추어 연구 · 개발된 새로운 생활주제, 주제 및 교육활동들을 소개했습니다. 또한 본 유치원에서 지난 10여 년간 실행해 온 각종 연구들—기본생활습관교육, 소비자교육, 극놀이, 요리활동, 종일반 프로그램, 수학교육, 리더십교육, 언어교육, 동작교육, 문학교육, 전통문화예술교육—을 통해 새롭게 개발된 생활주제, 주제 및 교육활동들을 이 책에 소개했습니다. 기존『만

4세 어린이를 위한 유치원 교육과정 운영의 실제』에 수록되었던 활동들의 경우, 최근 유아들의 발달적 특성, 요구, 흥미에 적합하게 또한 시대적 변화와 요구에 부응할 수 있도록 수정 · 보완해서 소개했습니다.

그동안 이 책이 출판될 수 있도록 도와주신 여러 분들께 머리 숙여 감사를 드립니다. 먼저 『이화유치원 만 4세 교육과정 운영의 실제』를 함께 집필해 주신 이화유치원 전 · 현직 교사들—오지영, 강은정, 김은수, 김혜전, 이예린, 장정윤—께 감사를 드립니다. 유아교육 발전을 위한 이화유치원의 사명을 완수하기 위해 지난 몇 년간 주말이나 공휴일은 물론이고 방학에도 쉬지 못하면서 이 책의 집필 과정에 참여해 주신 여러 분들의 헌신적 노력은 유아교육의 역사에서 오래 기억될 것입니다. 이 책의 집필 과정에서 여러모로 도움을 주신 이화유치원 전 · 현직 교사들—김수정, 박정민, 박미정, 안예슬—께도 깊은 감사를 드립니다. 또한 이 책을 출판해 주신 (주)교문사 류제동 사장님, 정용섭 부장님을 비롯한 직원 여러 분들께도 진심으로 감사를 드립니다.

끝으로 이 책이 출판될 수 있도록 간접적으로 도와주신 분들께도 감사를 드립니다. 그동안 유아교육을 공부하는 학부생 및 대학원생, 유아교사, 유아교육학자, 유아교육 전문가 및 행정가, 심지어 학부모들께서도 이 책이 언제 출판되는지를 문의하고 출판을 서둘러 주기를 부탁하셨습니다. 『이화유치원 만 3, 4, 5세 교육과정 운영의 실제』를 하루빨리 출판해 달라는 많은 분들의 요청이 저희들에게 든든한 힘과 격려가 되어 주었기에 이 자리를 빌려 감사의 마음을 전하며, 여러분들께서 기대하신 만큼 큰 도움 받으시기를 바랍니다.

2011년 7월 25일

집필진 대표 홍용희

차 례

2. 유치원 동네 55

1장

생활주제 선정의 의의와 목표

1장

생활주제 선정의 의의와 목표

1. 생활주제 선정

유아들은 자기 자신에 대한 호기심을 가족, 유치원 등 다양한 사람들로 구성된 집단으로 점차 넓혀 나간다. 나아가 자신이 살고 있는 집과 동네를 인식하면서 동네에 살고 있는 사람들의 모습, 주변의 다양한 지역사회 기관에 대해 관심을 갖는다. '동네와 지역사회' 는 유아들의 확장된 호기심을 바탕으로 유아들 주변의 사회에 대해 학습할 수 있도록 선정된 생활주제이다.

유아들은 자신이 포함된 동네의 지리적 위치에 대하여 관심을 갖는다. 내 동네의 이름을 알고 지도에서 동네의 이름을 찾아봄으로써 내 동네의 지리적 위치와 다른 동네와의 관계에 대해 탐구한다. 유치원 동네 현장학습을 통하여 유치원이 포함된 동네에 대해서도 학습한다. 이와 같은 과정을 통해 유아들은 가족 구성원, 유치원 구성원으로서의 자신에서 나아가 지역사회 구성원으로서의 자신을 인식할 수 있다. 또한 사람들이 편리하게 생활하기 위해 여러 지역사회 기관이 필요함을 알고 각 기관의 역할과 특징에 대해 학습한다. 유아들이 보다 넓은 관점에서 자신을 인식하고 내 동네와 유치원 동네의 지리적 위치 및 주변의 다양한 지역사회 기관에 대해 이해할 수 있도록 '동네와 지역사회' 생활주제를 선정하였다.

2. 주제 및 목표 선정

동네와 지역사회 생활주제에서는 '내 동네', '유치원 동네' 주제를 선정하였다.

생활주제	주 제
동네와 지역사회	내 동네
	유치원 동네

각 주제별 교육 목표 및 교육 내용은 다음과 같다.

주 제	분 류	목표 및 내용
1. 내 동네	교육 목표	• 우리 집이 있는 동네의 이름을 안다. • 우리 집 근처에는 여러 가지 지역사회 기관이 있음을 안다. • 지역사회 기관이 하는 일에 관심을 갖는다. • 집 근처에 있는 지역사회 기관을 경험해 본다. • 동네 이웃을 알고 이웃 간 예절을 지킨다.
	교육 내용	'내 동네' 주제는 유아들이 자신이 살고 있는 동네의 이름과 지리적 위치에 대해 알도록 한다. 자신이 살고 있는 동네의 이름을 알아보고 친구들에게 소개하는 활동을 통해 다양한 동네가 존재함을 알고 동네 간의 지리적 관계에 대해서도 관심을 가질 수 있다. 동네에 위치한 여러 지역사회 기관의 종류와 기능에 대해 학습하는 활동도 실시한다.
2. 유치원 동네	교육 목표	• 유치원이 있는 동네의 이름을 안다. • 집에서 유치원으로 오는 방법을 안다. • 유치원 주변 환경에 관심을 갖는다.
	교육 내용	'유치원 동네' 주제에는 유아들이 유치원 동네의 위치와 집 동네와의 지리적 관계에 대해 탐구하고 유치원 주변의 환경에 대해 알아본다. 유아들은 유치원 동네에 있는 여러 지역사회 기관에 현장학습을 다녀옴으로써 기관의 종류와 기능에 대해 학습하고 지역사회 기관에 종사하는 사람들의 역할에 대해 배운다. 현장학습을 바탕으로 유치원 동네의 모습을 표상하는 활동을 통해 유치원 동네 모습을 인식할 수 있도록 한다.

2장

환경 구성

2장

환경 구성

1. 실내 환경 : 현관, 복도

1) 게시판

유치원 주변 환경이나 여러 집들로 구성된 동네를 배경으로 지역사회 기관 현장학습 일정 등 유치원 교육활동에 관련된 각종 안내사항을 게시한다. 이후 유아들이 유치원 주변 지역을 견학한 후 그린 그림이나 동네의 집과 기관 그림을 전시하여 게시판을 완성해 나간다. 아울러 매일의 급 · 간식 식재료의 원산지를 게시한다.

6월 유치원 현관 게시판

2) 복도 벽면

유아들이 현장학습을 다녀온 후 경험을 회상하고 공유할 수 있도록 관련 자료를 복도 벽면에 전시한다. 유아들이 지역사회 기관을 견학하는 모습이 담긴 사진이나, 현장학습에서 재미있었던 일 그림을 전시한다.

지역사회 기관 현장학습 사진

3) 복도 영역

유아들이 지역사회 기관을 체험할 수 있도록 복도 영역에 특정 지역사회 기관에서 볼 수 있는 것들을 전시한다. 식료품 가게의 경우 과일, 채소, 생선 등 다양한 식료품 모형을 제시하여 유아들이 여러 가지 식료품에 호기심을 갖고 관찰할 수 있도록 한다. 복도 영역에 전시한 식료품 모형은 전시를 마친 후 각 학급에서 가게 놀이를 할 때 활용할 수 있도록 한다.

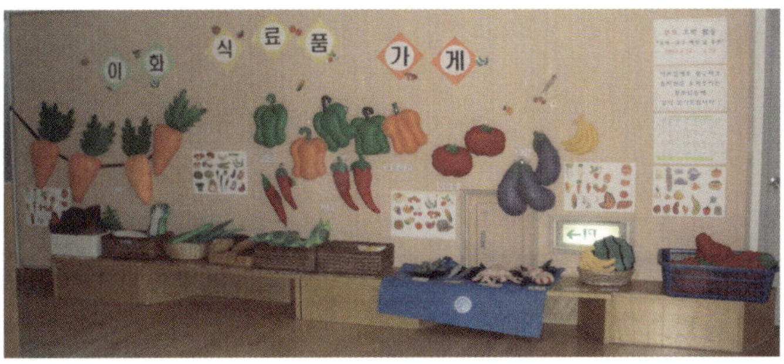

이화식료품 가게

2. 실내 환경 : 교실

- 생활주제 : 동네와 지역사회
- ○○○반 흥미 영역 배치도 ○○○○학년도 ○월 ○주 ~ ○월 ○주

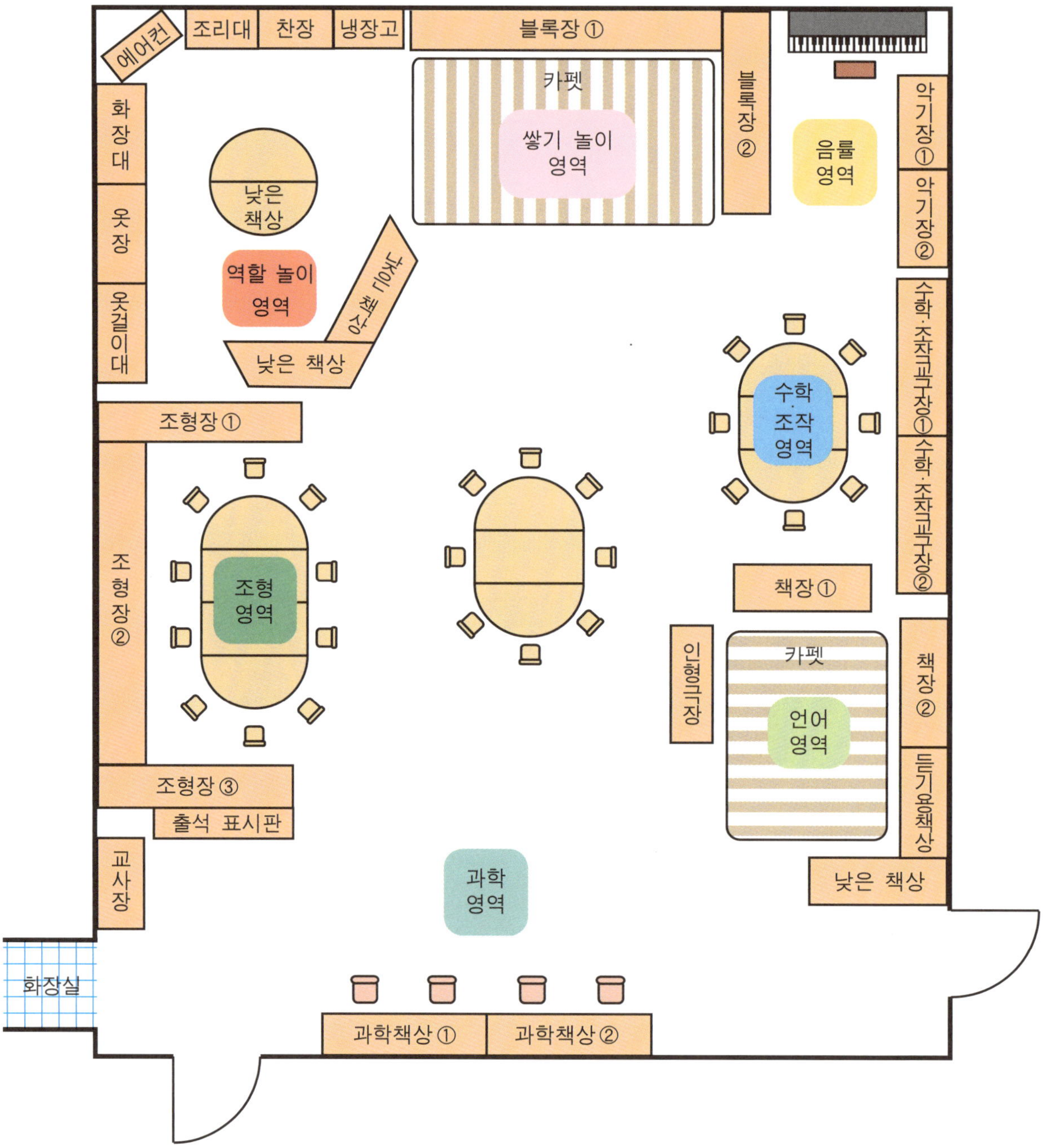

1) 교실 벽면

(1) 출석 표시판

유치원 동네를 배경으로 출석 표시판을 만든다. 유아들이 그린 집이나 기관의 그림을 활용하여 출석 표시판을 구성한다. 잡지나 화보에서 오려낸 사람들의 사진과 자신의 얼굴 사진을 조합하여 만든 작품을 개인의 출석 표시 그림으로 사용한다.

출석 표시판

출석 표시 그림

(2) 벽면 전시

교실 벽면에는 '동네와 지역사회' 와 관련된 사진, 화보, 지도 및 지역사회를 주제로 유아들이 그리거나 구성한 다양한 조형 작품을 게시한다. 유아들이 살고 있는 동네를 표시한 지도, 여러 가지 지역사회 기관과 지역사회 기관에 종사하는 사람에 대한 화보를 통하여 유아들은 내가 사는 동네의 모습과 동네에 살고 있는 사람들의 생활에 대해 알고 관심을 가질 수 있다.

2) 흥미 영역

(1) 언어 영역

① 읽기 영역

언어 영역은 소파와 쿠션 등을 비치하여 아늑하고 편안한 분위기를 조성한다. 언어 영역 벽면에는 동네와 지역사회와 관련이 있는 그림과 짧은 이야기가 있는 자료를 게시한다. 책장에는 동네, 지역사회 기관, 지역사회 기관에서의 경험 등을 주제로 한 그림책을 제공한다.

언어 영역 전경

② 말하기 영역

유아들이 인형극을 할 수 있도록 사람 인형과 집, 지역사회 기관(예: 소방서, 경찰서, 은행, 가게 등) 건물 소품, 인형극장 틀을 비치하여 유아들의 경험을 이야기로 구성하며 극활동을 할 수 있도록 한다. '동네와 지역사회' 생활주제에서 본 동화자료를 낮은 책상이나 인형극 틀과 함께 내주어 유아들이 동화나 이야기를 구성해 볼 수 있도록 한다.

③ 듣기 영역

유아들이 자신이 사는 동네 이름을 녹음한 자료를 CD(카세트테이프) 플레이어와 함께 비치한다. 각 유아들이 살고 있는 동네를 표시한 지도를 함께 제시하여 유아들이 녹음자료를 들으며 지도에서 해당하는 유아의 동네를 찾아볼 수 있도록 한다. 그 밖에 지역사회와 관련된 동화 녹음자료를 책과 함께 제공한다. CD 플레이어 버튼에 색깔 스티커를 붙이고 각 버튼의 기능을 그림으로 표현한 안내판을 벽면에 게시하여 유아들이 스스로 CD 플레이어를 조작해 볼 수 있도록 함으로써 유아의 듣기 활동을 격려한다.

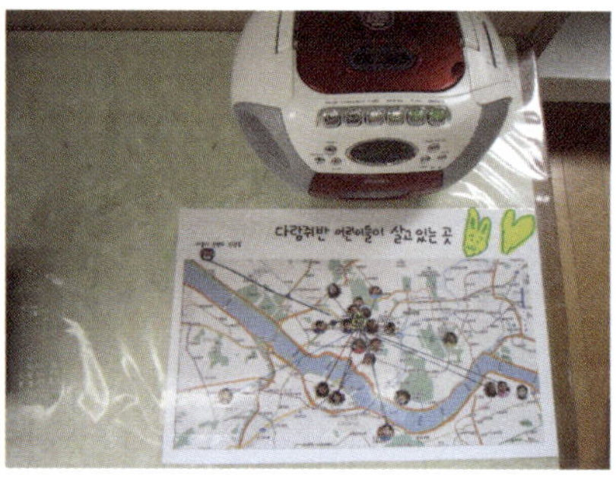

동네 이름 소개 듣기

(2) 쌓기 놀이 영역

유아들이 동네의 모습을 구성할 수 있도록 종이벽돌블록, 차밍블록 등 다양한 블록을 제공한다. 사람 인형, 교통 표지판 등의 소품을 함께 제시하여 만든 구성물을 완성한 후 이를 활용하여 상상놀이를 할 수 있도록 한다. 유아들이 다양한 건물의 형태와 특징을 알고 구성해 볼 수 있도록 쌓기놀이 영역 벽면에 지역사회 여러 가지 기관, 다양한 형태의 집 사진이나 그림을 게시한다.

쌓기 놀이 영역 전경

사람 인형

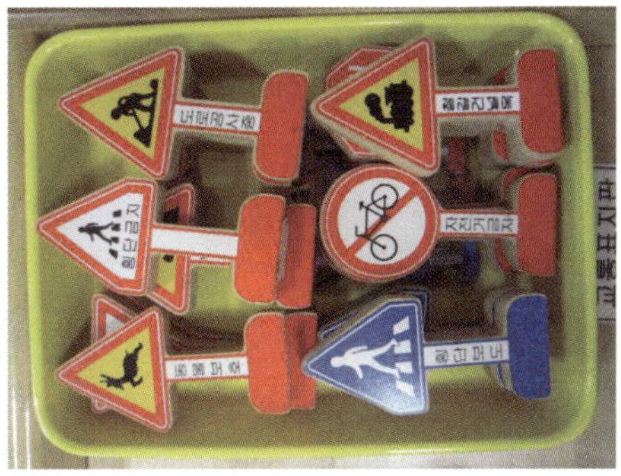

교통 표지판

(3) 역할 놀이 영역

유아들이 시장이나 가게, 마트 등에 가 본 경험을 역할 놀이로 재구성할 수 있도록 진열대, 계산대, 구매한 음식을 먹을 수 있는 곳 등을 구성하고, 상품(예: 여러 가지 종류의 빵, 생선 등), 종이봉투, 장바구니, 계산기 등을 준비한다. 유아들이 놀이 후 평가를 통해 놀이를 확장하거나 더욱 재미있게 할 수 있는 방법을 생각하게 한다. 또한 놀이에 더 필요한 소품이 있을 경우 교사가 보충해 주거나 유아들이 제작하여 활용할 수 있도록 한다.

생선가게

빵가게

(4) 수학 · 조작 영역

그림카드 보고 알맞은 지역사회 기관 연결하기, 빵 사오기 게임하기, 지역사회 기관 패턴 맞히기 등 수학적 사고의 발달을 돕는 조작교구를 중심으로 수학 · 조작 영역을 구성한다.

수학 · 조작 영역 전경

(5) 과학 영역

OHP필름에 인쇄한 지도와 빛상자(light box)를 제시하여 유아들이 빛상자 위에 지도를 비추어 볼 수 있도록 한다. 각 지역사회 기관의 지도를 낱장으로 제작하여 빛상자 위에 한 장씩 겹쳐 올려놓을 때마다 지역사회 기관이 늘어나 보이도록 한다. 이를 통해 유아들이 유치원과 각 지역사회 기관 건물의 위치, 각 건물 간의 거리 등에 관심을 가질 수 있다.

우리 동네 지도 만들기

(6) 조형 영역

유아들이 살고 있는 동네의 집과 유치원에서 견학한 지역사회 기관을 다양한 도구와 재료로 표현할 수 있도록 환경을 구성한다. 기본적인 그리기 도구(예: 색연필, 사인펜, 네임펜, 매직펜, 크레파스 등)와 도화지, 만들기 도구(예: 가위, 셀로판테이프, 풀 등), 재활용품 등을 사용하여 평면 또는 입체 조형작품을 만들도록 한다.

조형 영역 전경

(7) 음률 영역

기존에 비치되어 있던 악기의 일부를 교체하거나 새로운 악기를 제시한다. 두드려서 소리를 내는 다양한 종류의 북(예: 북, 콩가, 봉고드럼, 젬베 등)을 제공하여 유아들이 악기의 소리를 탐색하며 노래의 리듬에 맞게 빠르기와 세기를 조절하여 연주할 수 있도록 지도한다. 또한 '동네와 지역사회' 생활주제와 관련하여 '페르시아의 시장' 음악감상 활동 후 듣기자료를 제공하고, '종소리 나라 무지개 마을' 음악동화를 들으며 연주할 수 있도록 핸드벨을 제시한다. 생활주제와 관련된 노래를 녹음한 자료를 함께 비치하여 유아들이 노래를 감상하거나 불러볼 수 있도록 한다.

음률 영역 전경

3장

활 동

1. 내 동네
2. 유치원 동네

★ 주제별 활동 목록

<table>
<tr><th colspan="2">구분</th><th>내 동네</th><th>유치원 동네</th></tr>
<tr><td rowspan="8">자유 선택 활동</td><td>쌓기 놀이 영역</td><td></td><td>소방서 만들기</td></tr>
<tr><td>역할 놀이 영역</td><td>생선가게 놀이</td><td>빵가게 놀이</td></tr>
<tr><td>언어 영역</td><td>동네 이름 소개하기</td><td></td></tr>
<tr><td>수학 · 조작 영역</td><td>생선 굽기</td><td>빵 사오기</td></tr>
<tr><td>과학 영역</td><td></td><td>동네 지도 겹쳐 보기
자석에 붙는 것과 붙지 않는 것 분류하기</td></tr>
<tr><td>조형 영역</td><td>우리 동네 구성하기
집 만들기</td><td>유치원 동네 구성하기
동네 모습 벽화 그리기</td></tr>
<tr><td>음률 영역</td><td></td><td>다양한 북 연주하기</td></tr>
<tr><td>실외 영역</td><td>나뭇가지로 그림 그리기</td><td></td></tr>
<tr><td rowspan="8">대소 집단 활동</td><td>이야기나누기</td><td>내가 사는 동네
우리 동네 아동 안전 지킴이집</td><td>유치원 동네</td></tr>
<tr><td>동화 · 동극 · 동시</td><td>내가 살고 싶은 집(동화)</td><td>어디로 가야 할까요?(동시)</td></tr>
<tr><td>노래 · 음악감상 · 악기연주</td><td>종소리 나라 무지개 마을(악기 연주)</td><td>시장 놀이(노래)
페르시아 시장(음악감상)
동네 견학(노래)</td></tr>
<tr><td>율 동</td><td></td><td>달팽이집을 지읍시다</td></tr>
<tr><td>신 체</td><td>친구 집 찾아가기(게임)
즐거운 음악회(체조)</td><td>빵 사오기(게임)
장 보기(게임)</td></tr>
<tr><td>수 학</td><td>우리 집 전화번호 알아보기</td><td></td></tr>
<tr><td>과 학</td><td></td><td></td></tr>
<tr><td>사 회</td><td></td><td>대학 축제 현장학습
빵가게 현장학습</td></tr>
</table>

※ 본 교재에 수록된 활동은 만 4세 '동네와 지역사회' 생활주제에서 실시하고 있는 교육활동 중 일부만 소개된 것입니다.

1. 내 동네

내가 사는 동네 / 동네 이름 소개하기
/ 우리 동네 구성하기 / 우리 집 전화번호 알아보기 / 집 만들기
/ 내가 살고 싶은 집 / 친구 집 찾아가기 / 우리 동네 아동 안전 지킴이집
/ 종소리 나라 무지개 마을 / 생선가게 놀이 / 생선 굽기
/ 나뭇가지로 그림 그리기 / 즐거운 음악회

활동 1

내가 사는 동네

집단형태

대집단활동

활동유형

이야기나누기

활동자료

PPT자료(지도에 유아들이 사는 곳을 표시해 둔 것), 유아주소록

PPT자료 :
유아들이 사는 곳이 표시된 지도

TIP 1 활동 전 날 유아들에게 자신이 살고 있는 동네의 이름을 알아 오도록 한다. 활동하기 전 교사는 유아들의 주소록을 준비한다.

활동목표

- 지도의 용도를 안다.
- 동네마다 이름이 있음을 안다.
- 내가 사는 동네의 이름을 안다.
- 친구들이 사는 동네 이름에 관심을 갖는다.

활동방법

○ 유치원에 오고 가는 방법에 대하여 이야기 나눈다.

- 유치원에 오거나 집에 갈 때 어떤 방법으로 오고 가나요?
  - 걸어서 온다.
  - 자동차를 타고 온다.
- 걸어서 가는 사람은 집이 어디인가요? 왜 자동차를 타지 않고 걸어서 오나요?
  - 집에서 유치원이 가깝기 때문이다.
- 자동차를 타고 가는 사람은 왜 자동차를 타고 가나요?
  - 걸어 가기에는 집이 멀기 때문이다.

○ 지도의 용도를 소개하고 유아들이 사는 곳을 지도 위에 표시한다.

- 유치원에서 누구의 집이 어디에 있는지, 멀거나 가까운지 알려면 무엇을 보면 될까요?
  - 지도를 보면 알 수 있다.
- (지도를 보여 주며) 이런 물건을 본 적이 있나요?
- 너무 멀리 있거나 너무 넓어서 우리 눈으로 직접 볼 수 없는 곳을 작게 줄여서 그림으로 그린 것을 '지도'라고 해요. 지도를 보면 멀리 떨어져 있는 곳들을 한 눈에 볼 수 있어요.
- ○○○반 어린이들의 집은 어디에 있는지 지도를 보면서 살펴봅시다. TIP 1

○ 지도를 보면서 유아들이 살고 있는 동네를 찾아본다.

- 이화유치원은 어느 동에 있나요?
  - 대현동에 있다.
- (지도에 대현동을 표시하며) 먼저 유치원이 있는 대현동을 지도에서 찾아봅시다.

▪ (지도에 대현동에 살고 있는 유아들의 사진을 나타나게 하며) ○○○반에는 대현동에 살고 있는 어린이들이 있어요. 선생님이 대현동에 살고 있는 어린이들의 사진이 나타나게 할게요. TIP 2

▪ 대현동에 누가 살고 있나요?

▪ (각 동네에 살고 있는 유아들의 사진을 나타나게 하며) 또 어느 동에 누가 살고 있는지 살펴봅시다.

▪ ○○동에 사는 사람은 누구인가요?

▪ △△가 사는 동의 이름은 무엇인가요?

○ 유아들이 사는 동네와 주변 동네를 살펴본다.

▪ ○○○반 어린이들 중에는 같은 동에 사는 사람도 있고 다른 동에 사는 사람도 있어요.

▪ ○○는 무슨 동에 살고 있나요?

▪ ○○가 살고 있는 ☆☆동 옆에는 무슨 동이 있나요?

▪ 유치원에서 가장 멀리(가까이) 사는 어린이는 누구인가요?

관련활동

▪ 수학 '우리 집 전화번호 알아보기' (23쪽 참고)

▪ 언어 영역 '동네 이름 소개하기' (20쪽 참고)

내 동네

유치원 동네

TIP 2 파워포인트 프로그램의 애니메이션 기능을 활용하여 유아가 살고 있는 동네 위에 유아 얼굴 사진이 나타나도록 자료를 미리 준비해 둔다.

활동 2

동네 이름 소개하기

집단형태

중집단활동(약 15명) · 자유선택활동

활동유형

이야기나누기 · 언어 영역

활동자료

녹음기, 원아주소록, 지도(유아들이 사는 동마다 유아들의 사진을 붙여 놓은 것)

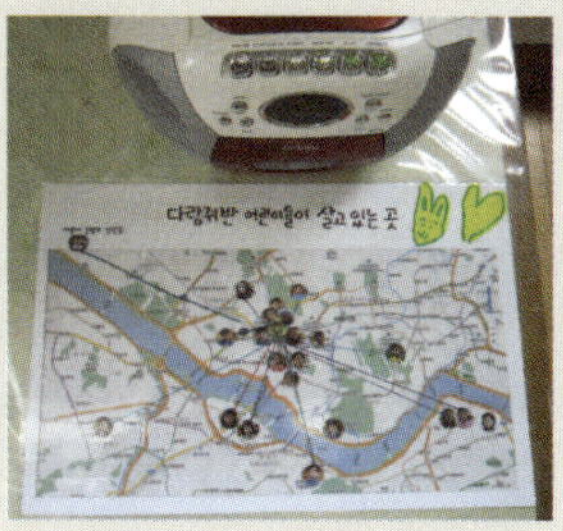

'동네 이름 소개하기' 듣기자료

TIP 활동 전 날 유아들에게 자신이 살고 있는 동네의 이름을 알아 오도록 한다. 활동하기 전 교사는 유아들의 주소록을 준비한다.

활동목표

- 내가 사는 동네의 이름을 안다.
- 친구들이 사는 동네 이름에 관심을 갖는다.

활동방법

○ 의자에 원 대형으로 모여 앉아 유아들이 살고 있는 동네의 이름에 대하여 이야기 나눈다.

- ○○○반 어린이들은 무슨 동네에 살고 있나요?
  - 대현동에 살고 있다.
  - 공덕동에 살고 있다.
  - 창천동에 살고 있다.
  - 신당동에 살고 있다.
- ○○, ◇◇, △△는 세 명 모두 대현동에 살고 있어요.
- 이렇게 같은 동에 살고 있는 사람도 있지만 다른 동에 살고 있는 사람도 있어요. 친구들에게 자기가 살고 있는 동의 이름을 소개할 거예요.

○ 유아들이 자기가 살고 있는 동의 이름을 발표하고 유아들이 말하는 내용을 녹음한다. TIP

- 여러분들이 이야기하는 것을 나중에 또 들어볼 수 있도록 녹음기에 녹음할게요. 녹음이 잘 되려면 어떻게 말해야 할까요?
  - 너무 크거나 작은 목소리는 잘 안 들리므로 적절한 크기의 목소리로 말한다.
  - 또렷한 목소리로 말한다.
- 선생님이 먼저 녹음해 볼게요. 선생님의 목소리가 어떤지 잘 들어보세요.
- 이제 ○○○반 어린이들이 한 명씩 차례대로 이야기해 보세요.
  - 나는 강○○야. 나는 대현동에 살아.
  - 나는 민○○야. 나도 대현동에 살아.
  - 나는 김○○야. 나는 공덕동에 살아.
  - 나는 이○○야. 우리 집은 창천동에 있어.
  - 나는 조○○야. 우리 집은 신당동에 있어.

◯ 녹음한 내용을 방안 놀이 시간에 들어볼 수 있음을 알려 준다.

- 지금 녹음한 내용은 언어 영역에서 들어볼 수 있어요. 방안 놀이 시간에 들어보세요.

◯ 방안 놀이 시간에 녹음한 것을 듣는다.

- 지도(유아들이 사는 동마다 유아들의 사진을 붙여 놓은 것)를 보면서 녹음한 것을 들어보세요.
  - 나는 강○○야. 대현동에 살아.
- 강○○는 어디에 산다고 했나요?
  - 대현동
- 지도에서 강○○의 얼굴을 찾아보세요.
- 강○○와 가까운 곳에 살고 있는 사람은 누가 있나요?

관련활동

- 이야기나누기 '내가 사는 동네' (18쪽 참고)
- 수학 '우리 집 전화번호 알아보기' (23쪽 참고)

동네 이름 녹음방법 알아보기

동네 이름 녹음하기

방안놀이 시간에 녹음한 내용 들어보기

활 동
3 우리 동네 구성하기

집단형태

자유선택활동

활동유형

조형 영역

활동자료

1/4 크기나 1/2 크기로 자른 8절 도화지, 색연필, 사인펜, 매직펜, TV동화 틀이나 정면에 구멍을 뚫어 놓은 박스, 셀로판테이프, 우드락 TIP 1, 가위

TIP 1 그림이나 사진을 붙여 세울 우드락을 준비해 놓는다.

TIP 2 유아들에게 집 그림을 그리게 하거나 집의 정면을 찍은 사진을 가져오게 하여 사용한다.

활동목표

- 내가 살고 있는 동네의 여러 지역사회 기관에 대해 안다.
- 사물 간의 공간 관계에 대해 안다.

활동방법

| 집 모양 그리기 |

○ 자신이 살고 있는 집이나 살고 싶은 집 모양에 대해 이야기 나눈다.
- 우리 집은 어떤 모습인가요?
- 자신이 지금 살고 있는 집이나 살고 싶은 집의 모양을 그려 볼 거예요.

○ 종이에 집 모양을 그린다. TIP 2
- 여러 종이 중에서 자신이 원하는 종이를 골라 집을 그려 보세요. 집을 다 그린 후에는 집 모양대로 오린 후 우드락에 붙여 세워서 동네를 만들어 볼 거예요.

○ 유아들이 그린 집 그림을 오린다.
- 집 그림을 오려 봅시다. 선생님이 가위로 오릴 수 있도록 테두리를 그려 줄게요. 테두리를 따라 집을 오리세요.

○ 오려 낸 집을 우드락에 붙인다.
- (TV동화 틀이나 정면에 구멍을 뚫어 놓은 상자를 보여 주며) 이 동화 틀은 앞부분이 뚫려 있어 뒤에서 인형극을 하면 앞에서 볼 수 있어요. 오늘은 우리가 그린 집을 이 동화 틀 안에 세워 우리 동네를 구성할 거예요.
- 우리가 그림을 그린 종이는 너무 얇아서 세우기가 어려워요.
- 오린 집을 (우드락 조각을 보여 주며) 이 우드락 조각에 붙이면 상자 안에 세울 수 있어요. 풀로 종이를 우드락에 붙이세요.

| 동네 구성하기 |

○ TV동화 틀이나 정면에 구멍이 뚫린 상자 안쪽에 집 모양을 배치한다.
- 작은 집은 앞쪽에, 크고 높은 집은 뒤쪽에 붙여 우리 동네를 구성해 볼 거예요.
  - 교사와 유아가 함께 동화 틀이나 상자 뒤쪽에 집을 배열한 후 밑면을 셀로판테이프로 고정시킨다.

관련활동

- 이야기나누기 '유치원 동네' (56쪽 참고)

활동 4

우리 집 전화번호 알아보기

활동목표

- 1부터 10까지 숫자를 읽을 수 있다.
- 우리 집 또는 부모님의 연락처를 안다.
- 위험한 상황에서 대처하는 방법을 익힌다.

활동방법

○ 실외에서의 유괴예방지침을 회상한다.

- 부모님과 함께 밖에 나갔다가 부모님을 잃어버리면 어떻게 해야 하나요?
  - 그 자리에서 그대로 서 있는다.
  - 주변에 있는 어른(예: 경찰, 아이를 데리고 있는 아주머니 등)께 도와달라고 부탁한다.
  - 주변에 아동 안전 지킴이집이 있으면 들어가 도움을 청한다.
- 부모님을 잃어버렸을 때 부모님을 쉽게 찾으려면 무엇을 알고 있어야 할까요?
  - 집 전화번호
  - 부모님의 휴대전화번호
  - 집 주소

○ 집 전화번호나 부모님의 휴대전화번호를 컴퓨터로 쳐 본다.

- 집 전화번호나 부모님의 휴대전화번호를 알고 있나요?
- 누가 나와서 선생님과 함께 키보드의 숫자를 눌러 전화번호를 입력해 볼까요?
- ○○가 어떤 숫자를 눌렀나요?
- ○○네 집(부모님) 전화번호를 함께 읽어 봅시다.
- ○○가 입력한 전화번호가 맞았는지 선생님이 확인해 볼게요. TIP 2
- 선생님이 부른 숫자와 ○○가 컴퓨터로 친 숫자가 같나요?
- 이번에는 누가 나와서 부모님의 전화번호나 집 전화번호를 키보드로 쳐 볼까요? 앉아 있는 사람들은 스크린에 표시되는 글자나 숫자를 함께 읽어 보세요.
- 전화번호를 기억하지 못하는 사람은 선생님이 도와줄게요.

사전활동

- 본 활동을 실시하기 전 유괴예방교육을 실시하여 유아들이 집 전화번호나 부모님의 휴대전화번호를 알고 있어야 함을 인식하고 전화번호를 숙지할 수 있도록 지도한다.

집단형태

중집단활동(약 15명)

활동유형

수학

활동자료

컴퓨터 TIP 1, 노트북, 빔 프로젝터, 스크린

TIP 1 교사나 유아가 컴퓨터로 입력하는 숫자를 화면을 통해 볼 수 있도록 한다.

컴퓨터로 집(부모님) 전화번호 치기

TIP 2 교사는 유아들의 집 전화번호와 부모님의 휴대전화번호를 준비하여 유아들이 정확한 전화번호를 알 수 있도록 지도한다.

활동 5

집 만들기

집단형태

자유선택활동

활동유형

조형 영역

활동자료

여러 가지 종류의 상자 및 재활용품(예: 우유갑, 화장품상자, 과자상자, 약상자, 요구르트병, 요거트통, 젤리통 등), 조각종이(예: 색 습자지, 색종이, 조각색지 등), 본드, 풀, 본드받침, 유성매직펜, 네임펜 등

집 만들기

TIP 유아가 상자에 그림을 그리면 교사가 칼로 구멍을 내어 창문이나 문을 만든다.

활동목표

- 다양한 종류의 집에 관심을 갖는다.
- 자신이 생각한 것을 그림과 입체물로 표현한다.

활동방법

○ 유아들이 가장 많이 살고 있는 집의 형태에 대해 이야기 나눈다.

- 그동안 ○○○반 어린이들이 살고 있는 집에 대해 이야기를 나누어 보았어요. ○○○반 어린이들은 어떤 집에 살고 있나요?
- ○○○반 어린이들이 살고 있는 집을 만들어 볼 거예요.

| 아파트 |

○ 아파트의 특징에 대해 이야기 나눈다.

- 아파트는 어떤 곳인가요?
  - 네모난 건물 안에 여러 집들이 있다.
  - 아주 높은 건물이다.
  - 많은 사람들이 한 건물에 살고 있다.
- ○○○반 어린이들은 아파트 몇 층에 살고 있나요?
  - 유아들의 대답을 들어본다.

○ 아파트를 만들기에 적당한 상자들과 재활용품을 고른다.

- 내가 살고 있는 아파트를 만들 상자를 골라 보세요. 몇 층 아파트에 살고 있는지, 어떤 모양으로 생겼는지 생각해 본 후 상자를 골라 보세요.

○ 상자에 그림을 그리거나 구멍을 뚫어 아파트를 만든다. TIP

- 내가 살고 있는 아파트의 이름, 동, 호수를 상자에 그림이나 글씨로 표현해 보세요.
- 그림을 모두 그린 후 구멍을 뚫어 문이나 창문을 만들고 싶은 사람은 선생님이 칼로 구멍을 뚫어 줄 거예요.

○ 색 습자지, 색종이 등으로 집을 꾸민다.

- 여러 가지 조각종이를 이용하여 아파트의 겉모습을 꾸며 보세요.

○ 작은 색종이 조각에 이름을 써서 완성된 집에 붙인다.

○ 유아들이 만든 아파트들로 아파트 단지를 구성한다. 여러 종류의 자동차와 플라스틱 나무, 사람과 동물 인형 등의 소품을 이용하여 유아들이 상상 놀이를 할 수 있도록 마을을 구성한다.

관련활동

- 이야기나누기 '내가 사는 동네' (18쪽 참고)

유아들이 만든 아파트 단지

활동 6 내가 살고 싶은 집

집단형태

대집단활동

활동유형

동화 · 조형 영역

활동자료

사진자료(여러 가지 집의 종류: 아파트, 빌라, 단독주택 등), 반입체 동화자료, 도화지, 그리기 도구(예: 크레파스, 색연필, 사인펜, 매직펜 등)

내가 살고 싶은 집 그림 감상하기

활동목표

- 다양한 종류의 집에 관심을 갖는다.
- 내가 살고 싶은 집을 창의적으로 생각하고 그림으로 표현한다.

활동방법

○ 유아들이 살고 있는 집에 대해 이야기 나눈다.

- ○○○반 어린이들은 어떤 집에 살고 있나요?
  - 아파트에 살고 있다.
  - 빌라에 살고 있다.
  - 단독주택에 살고 있다.
- ○○○반 어린이들이 살고 있는 집의 어떤 점이 가장 좋은가요?
  - 아파트의 높은 곳에 있어서 좋다.
  - 마당에서 놀 수 있어서 좋다.
  - 내 방이 있어서 좋다.

○ '세상에서 하나뿐인 우리 집' 동화를 들려준다.

- 토끼와 다람쥐의 이야기가 담긴 동화를 들려줄 거예요. 토끼와 다람쥐가 어떤 집에 살았는지 동화를 들어보세요.

○ 유아들이 살고 싶은 집을 상상하여 이야기 나눈다.

- 만약 ○○○반 어린이들이 토끼와 다람쥐처럼 집을 짓는다면, 어떤 집을 짓고 싶나요?
  - 수영장이 있는 집을 짓고 싶다.
  - 마당에 그네와 시소가 있는 집을 짓고 싶다.
  - 아파트 앞까지 기차가 다니는 집을 짓고 싶다.
  - 하늘에 둥둥 떠다니는 집을 짓고 싶다.
  - 움직이는 집을 짓고 싶다.

○ 내가 살고 싶은 집을 상상하여 그려 본다.

- ○○○반 어린이들이 살고 싶은 집을 그림으로 그려 볼 거예요.
- ○○○반 어린이들이 그림을 다 그리면, 그림을 모아서 책으로 만들 거예요.

관련활동

- 이야기나누기 '내가 사는 동네' (18쪽 참고)
- 조형 영역 '우리 동네 구성하기' (22쪽 참고)

동 화

세상에서 하나뿐인 우리 집

김은수
(이대부속유치원 교사)

푸른 숲 마을에 사는 토끼와 다람쥐는 사이좋은 친구예요. 토끼는 숲 속 작은 굴에 살고, 다람쥐는 숲 속 키 큰 나무 구멍에 살아요.

어느 날, 푸른 숲 마을에 태풍이 찾아왔어요. '번쩍' 번개가 치고, '우르릉 쾅쾅' 천둥이 치며 비가 아주 많이 내렸어요.

며칠 동안 비가 계속 내려서 토끼가 살던 작은 굴에는 물이 가득 차고, 거센 비바람에 다람쥐가 살던 키 큰 나무는 부러져버렸어요. 이윽고 비가 멈추었습니다.

토 끼 이를 어쩌지. 굴속에 물이 가득 찼네. 다람쥐의 집은 괜찮을까?
다람쥐 아유, 깜짝이야. 튼튼했던 나무가 부러지다니 큰일 날 뻔했어. 토끼의 집은 괜찮을까?

토끼와 다람쥐는 서로 걱정이 되었어요. 그래서 토끼는 다람쥐의 집을 향해서, 다람쥐는 토끼의 집을 향해서 달려가기 시작했어요. 열심히 달려가던 토끼와 다람쥐는 숲 속 풀밭에서 마주쳤어요.

다람쥐 토끼야. 어디를 가고 있니? 난 너희 집에 가는 길이었어.
토 끼 다람쥐야. 난 너희 집에 가는 길이었어.
다람쥐 내가 살던 키 큰 나무가 부러졌어. 너희 집은 괜찮니?
토 끼 내가 살던 굴속에는 빗물이 가득 찼어.
다람쥐 그럼, 이제 어떡하지?
토 끼 다람쥐야, 우리가 같이 살 집을 짓자!
다람쥐 집을 짓자고? 정말 좋은 생각이야! 그런데 어디에 집을 짓지?
토 끼 이 풀밭에 집을 짓는 게 어때? 어떤 집을 지으면 좋을까?

토끼와 다람쥐는 어떤 집을 지을지 머리를 맞대고 의논을 하기 시작했어요.

다람쥐 난 도토리를 가득 넣어 놓을 수 있는 큰 방이 있으면 좋겠어.
토 끼 난 집 안에서 깡충깡충 높이 뛰어다닐 수 있도록 천장이 넓었으면 좋겠어.
다람쥐 5층에서 1층까지 한 번에 내려올 수 있는 미끄럼틀을 만들자!
토 끼 그리고 꼭대기 방 천장은 유리창으로 하면 어떨까? 낮엔 눈부신 햇빛이 유리창으로 들어와 집 안이 환하고 밝을 거야.
다람쥐 그리고 밤엔 은은한 달빛과 별빛이 집 안을 비추어 주겠지?

토끼와 다람쥐는 이야기를 나누며 근사한 설계도를 그렸어요.

다람쥐 이제 집 짓기를 시작하자.
토 끼 좋아. 집을 지을 재료들을 모아야겠어.

토끼와 다람쥐는 먼저 바닥을 파고 단단한 돌을 놓았습니다. 그리고 튼튼하고 굵은 나무로 기둥을 세웠습니다.

토끼와 다람쥐의 집 1층, 2층, 3층, 4층, 5층이 완성되었습니다. 토끼와 다람쥐가 생각했던 것과 똑같은 집이었어요.

토 끼 우와, 정말 멋지다.
다람쥐 세상에서 하나뿐인 제일 멋진 우리 집이야!
토 끼 우리 숲 속 마을 친구들을 모두 불러서 잔치를 열자.
다람쥐 그래, 좋아.

토끼와 다람쥐는 숲 속 마을 친구들을 모두 불러 큰 잔치를 열었습니다. 초대받은 동물들 모두 토끼와 다람쥐의 멋진 집을 칭찬해 주었습니다. 세상에서 하나뿐인 토끼와 다람쥐의 집은 숲 속 마을 동물들이 언제든지 와서 편히 쉴 수 있는 숲 속 마을의 자랑거리가 되었답니다.

활동 7 친구 집 찾아가기

활동목표

- 다리의 근력을 기른다.
- 게임방법을 알고 규칙을 지키며 게임을 한다.

활동방법

○ 게임자료를 살펴본다.

- 선생님 맞은편에 무엇이 있나요?
  - 빨강집, 노랑집, 파랑집
- 바닥엔 무엇이 붙어 있나요?
  - 빨강, 노랑, 파랑 동그라미가 붙어 있다.
- 게시판에는 무엇이 있나요?
  - ○○○반 어린이들의 얼굴 사진이 붙어 있는 자기표시 그림이 있다.
- '친구 집 찾아가기' 게임을 할 거예요.

○ 게임방법을 이야기한다.

- 양편에서 한 사람씩 나와서 가위바위보를 해요. 이긴 순서대로 뽑기통에서 집 그림 한 개를 뽑아요. 그리고 어떤 색깔의 집 그림을 뽑았는지 확인하세요.
- 자기가 뽑은 집의 색깔이 있는 출발선에 가서 출발 준비를 하세요.
- 선생님이 출발 신호를 하면 색깔 동그라미 위를 모둠발로 뛰어서 색깔 집이 있는 곳까지 가요. TIP
- 색깔 집에 자기표시를 붙인 다음 달려와서 선생님과 악수를 하는 거예요.

○ 교사와 유아가 시범을 보인다.

○ 평가방법을 이야기한다.

- 먼저 들어온 사람이 있는 편에게 집 한 채를 줄 거예요.
- 게임을 마친 후 집의 개수가 많은 편이 이기는 거예요.

○ 게임을 응원하는 태도에 대해 이야기한다.

- 다른 사람이 게임하는 것을 볼 때는 어떻게 하면 좋을까요?
  - 바르게 앉아서 다른 사람이 게임을 잘하는지 살펴본다.
  - 게임을 잘하라고 박수를 쳐 준다.

○ 게임을 한다.

집단형태

대집단활동

활동유형

신체(게임)

활동자료

자기표시 그림, 집(빨강, 노랑, 파랑 – 유아들이 자기표시 그림을 붙일 수 있도록 부직포를 붙여 놓은 것), 동그라미 표시(빨강, 노랑, 파랑 각 6~8개), 집 그림(빨강, 노랑, 파랑 – 뽑기통에 넣어 유아들이 뽑을 것), 뽑기통, 신호악기, 평가자료, 게시판

활동대형

'친구 집 찾아가기' 게임대형

TIP 유아들의 발달 정도나 게임에 익숙해진 정도에 따라 모둠발로 뛰는 동그라미 표시의 개수와 간격을 조절한다.

뽑기통에서 색깔 집 그림 뽑기

색깔 동그라미 위를 모둠발로 뛰어가기

○ 게임을 평가한다.

- 집이 몇 채인지 같이 세어 보세요.
  - (집 그림을 떼어 내며 유아들과 함께 수를 센다.)
- ☆☆ 편은 13개, △△ 편에는 10개가 있어요.
- 어느 편의 집이 더 많은가요?
  - ☆☆ 편이 3개 더 많다.
- 이번 게임은 집의 개수가 더 많은 ☆☆ 편이 이겼어요. ☆☆ 편에게 잘했다고 박수 쳐 주세요. △△ 편에게도 열심히 즐겁게 잘했다고 박수 쳐 주세요. △△ 편과 ☆☆ 편 점수가 1 : 0이 되었어요.

○ 두 번째 게임을 하고 평가한다.

- 두 번째 게임을 해봅시다.
- (두 번째 게임을 마치고 평가자료의 수를 세어 본 후) 어느 편의 집이 더 많나요?
  - △△ 편이 2개 더 많다.
- 두 번째 게임은 △△ 편이 이겼어요. 몇 대 몇이 되었나요?
  - 1 : 1이 되었다.

○ 응원 태도에 대해 평가한다.

- ☆☆ 편과 △△ 편 모두 바르게 앉아서 응원을 잘해 주었나요?
- 바르게 앉아서 열심히, 즐겁게 응원한 ☆☆ 편과 △△ 편 어린이들에게 서로 박수 쳐 주세요.

○ 유아들과 함께 게임자료를 정리한다.

활 동 8

우리 동네 아동 안전 지킴이집

내 동네

유치원 동네

활동목표

- 아동 안전 지킴이집의 역할을 안다.
- 동네 주변의 아동 안전 지킴이집 위치를 안다.
- 위험한 상황에서 대처하는 방법을 안다.

활동방법

○ 유아들이 스크린(화면)을 바라보고 반원 대형으로 의자와 바닥에 나누어 앉는다.

○ 아동 안전 지킴이집의 의미에 대하여 이야기 나눈다.

- (로고를 보여 주며) 이런 것을 본 적 있나요? 어디에서 보았나요?
- 무엇이라고 적혀 있나요?
  - '아동 안전 지킴이집' 이라고 적혀 있다.
- 아동 안전 지킴이집은 무엇일까요?
  - 낯선 어른이 따라오거나 어떤 곳으로 같이 가자고 할 때, 무서운 동물이 따라올 때, 길을 잃었을 때 들어가서 도움을 청하는 곳이다.
- 아동 안전 지킴이집에 들어가면 어떻게 해야 할까요?
  - 큰소리로 도와달라고 말한다.
  - 무슨 일이 있었는지 자세히 이야기한다.
  - 부모님의 연락처를 알려서 부모님께 연락해 달라고 부탁드린다.

○ 아동 안전 지킴이집이 어디에 있는지 알아본다.

- (아동 안전 지킴이집 표지판을 보여 주며) 이런 표지판이 세워져 있는 곳이 '아동 안전 지킴이집' 이에요.
- (표지판을 가게 앞에 세워 둔 사진을 보여 주며) 이렇게 가게 앞에 표지판을 세워둔 것을 본 적 있나요?
- 동네마다 아동 안전 지킴이집이 여러 곳 있어요. '아동 안전 지킴이집' 홈페이지를 보면 우리 동네(유치원 동네)의 어느 곳에 아동 안전 지킴이집이 있는지 알 수 있어요.
- (홈페이지를 보면서) 유치원 근처에 있는 아동 안전 지킴이집을 찾아볼까요?
  - 유치원 근처에는 약국과 음식점에 있다.

집단형태

대집단활동

활동유형

사회 · 이야기나누기

활동자료

아동 안전 지킴이집 로고 및 표지판과 표지판이 설치되어 있는 사진, 아동 안전 지킴이집 홈페이지(http://www.childsafetyhouse.go.kr)

아동 안전 지킴이집 로고

학교명	상호	연락처	거리	주소
이대부속 초등학교	우리약국 신촌원조 설렁탕	392-7722 393-3001 312-5103	50m 80m 80m	서울 서대문구 대신동 16-12번지 서울 서대문구 대신동 16-15번지 서울 서대문구 대신동 16-21번지

아동 안전 지킴이집의 상호 및 위치

○ 가정에서 부모님과 함께 집 근처의 아동 안전 지킴이집의 위치를 알아보기로 한다.

확장활동

- 본 활동 후 유치원 근처에 있는 아동 안전 지킴이집으로 현장학습을 다녀옴으로써 유아들이 아동 안전 지킴이집의 위치를 확인하고 위험한 상황에 대처하는 방법을 익히도록 한다.
- 아동 안전 지킴이집 로고를 출력하여 색칠해 보게 하거나 퍼즐로 제작하여 그림을 맞추는 활동을 해봄으로써 로고의 형태를 익힐 수 있도록 한다.

관련활동

- 이야기나누기 '내가 사는 동네' (18쪽 참고)
- 이야기나누기 '유치원 동네' (56쪽 참고)

활동 9 종소리 나라 무지개 마을

활동목표

- 핸드벨 소리의 특징과 연주방법을 안다.
- 조화로운 화음을 듣고 아름다움을 느낀다.
- 악기를 바르게 연주하는 태도를 기른다.

활동방법

○ 교사가 '종소리 나라 무지개 마을' 동화를 들려준다. TIP

- 선생님이 '종소리 나라 무지개 마을' 동화를 들려줄 거예요. 종소리 나라에는 어떤 색깔 마을들이 있었는지, 어떤 일이 있었는지 들어보세요.

○ 동화 내용을 회상하며 교사가 핸드벨을 소개한다.

- 종소리 나라에는 어떤 색깔 마을들이 있었나요?
  - 빨강, 주황, 노랑, 초록, 하늘, 파랑, 보라
- 색깔 마을에는 항상 어떤 소리가 울려 퍼졌나요?
  - 종소리가 퍼졌다.
- 선생님이 색깔 마을 사람들이 연주하는 종을 가지고 왔어요.
- (핸드벨 보여 주기) 이 악기를 본 적이 있나요? 이 악기의 이름은 무엇일까요?
  - 핸드벨이라고 한다.
- 우리나라 말로는 '손종' 이라고도 해요.
- 모두 몇 가지 색의 핸드벨이 있나요?
  - 7가지 색(빨강, 주황, 노랑, 초록, 하늘, 파랑, 보라)

○ 교사가 핸드벨을 연주하여 소리를 들려준다.

- 선생님이 핸드벨 소리를 들려줄게요(빨강, 주황, 노랑, 초록, 하늘, 파랑, 보라 순으로 연주하여 도, 레, 미, 파, 솔, 라, 시 음의 순서대로 들려준다).
- 선생님이 핸드벨을 색깔 순서대로 연주하였는데 소리가 점점 어떻게 되었나요?
  - 점점 높은 소리가 났다.
  - '도레미파솔라시' 음이었다.

○ 핸드벨 연주방법을 알려 준다.

- 핸드벨을 어떻게 연주하는지 보세요.
- 손으로 핸드벨의 손잡이를 잡고 아래에서 위쪽으로 동그라미를 그리듯이 앞으로 내밀면서 연주해요.

집단형태

대집단활동

활동유형

악기연주 · 동화

활동자료

PPT동화자료 TIP , 핸드벨(7음계 색깔별로 각 4개씩), 무지개색 색깔 모자(색깔별로 각 4개씩), 낮은 책상

TIP 동화 장면에 핸드벨 연주음을 삽입하거나 교사가 동화구연 시 직접 연주하여 유아들이 동화를 들을 때 핸드벨 연주를 같이 들을 수 있도록 한다.

교사의 핸드벨 연주와 함께 동화 듣기

유아들이 동화의 내용에 맞추어 핸드벨 연주하기

■ 핸드벨이 있다고 생각하고 손을 움직여 보세요.

○ 유아들이 연주할 핸드벨을 정한다.

■ ○○○반 어린이들이 색깔 마을 사람이 되어서 핸드벨을 연주해 볼 거예요.

■ 어떤 색깔 핸드벨을 연주하고 싶은지 생각해 보세요.

■ 빨강 마을 사람이 되어 보고 싶은 사람은 손을 드세요. 빨간색 모자를 쓰세요. (주황~보라도 이와 같은 방법으로 정한다.)

■ 같은 색깔 마을 사람들끼리 모여 앉으세요. 핸드벨을 나누어 줄게요.

○ 동화를 다시 한 번 들으며 동화의 내용에 맞게 핸드벨을 연주한다.

■ 선생님이 동화를 다시 한 번 들려줄게요. 이번에는 ○○○반 어린이들이 동화 내용에 맞게 핸드벨을 연주해 주면 돼요.

○ 핸드벨을 연주하고 난 후의 느낌을 이야기 나눈다.

■ 핸드벨을 연주해 보니 어땠나요?

• 재미있었다.

• 서로 다른 소리가 어우러지는 것이 듣기 좋았다.

• 다른 노래도 연주해 보고 싶다.

○ 자유선택활동 시간에 핸드벨을 연주할 수 있음을 이야기한다.

■ 음률 영역에 핸드벨을 놓아 둘게요. 핸드벨을 더 연주해 보고 싶은 사람은 방안 놀이 시간에 연주해 볼 수 있어요.

음악동화

종소리 나라 무지개 마을

김은수
(이대부속유치원 교사)

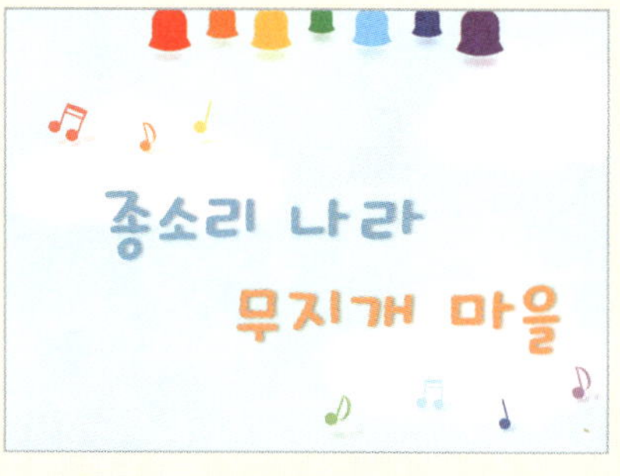

하늘 높은 곳, 구름 속에 무지개 나라가 있었습니다. 종소리 나라에는 빨강, 주황, 노랑, 초록, 하늘, 파랑, 보라색의 일곱 가지 색깔 마을이 있었습니다. 무지개 나라에서는 언제나 맑고 영롱한 종소리가 끊이지 않고 울려 퍼졌어요.

빨강 마을 사람들은 빨강 종을 (빨강 핸드벨(도) 연주음)

주황 마을 사람들은 주황 종을 (주황 핸드벨(레) 연주음)

노랑 마을 사람들은 노랑 종을 (노랑 핸드벨(미) 연주음)

초록 마을 사람들은 초록 종을 (초록 핸드벨(파) 연주음)

하늘 마을 사람들은 하늘 종을 (하늘 핸드벨(솔) 연주음)

파랑 마을 사람들은 파랑 종을 (파랑 핸드벨(라) 연주음)

보라 마을 사람들은 보라 종을 연주했어요. (보라 핸드벨(시) 연주음)

무지개 마을 사람들은 종을 연주하며 즐겁고 기쁘게 살고 있었어요.

어느 날, 빨강 마을 사람들(빨강 핸드벨(도) 연주음)은 다른 색깔 마을 사람들은 어떤 연주를 하는지 궁금해졌어요. 그래서 노랑 마을 사람들(노랑 핸드벨(미) 연주음)과 하늘 마을 사람들(하늘 핸드벨(솔) 연주음)을 초대했어요.

빨강 마을에 모인 노랑 마을 사람들과 하늘 마을 사람들은 함께 종을 연주했어요. (빨강 · 노랑 · 하늘 핸드벨(도 · 미 · 솔) 동시 연주음)

세 가지 색깔 종을 함께 연주하자 정말 멋진 소리가 났어요.

빨강 마을 사람들은 이번에는 초록 마을 사람들과 파랑 마을 사람들을 초대했어요.

빨강 마을에 모인 초록 마을 사람들과 파랑 마을 사람들은 함께 종을 연주했어요. (빨강 · 초록 · 파랑 핸드벨(도 · 파 · 라) 동시 연주음)

이번에도 아주 멋진 소리가 났어요.

빨강 마을에서 울려 퍼지는 멋진 종소리를 들은 주황 마을 사람들도 다른 색깔 마을 사람들을 초대하기로 했어요. 그래서 하늘 마을 사람들과 보라 마을 사람들을 초대했어요.

주황 마을에 모인 하늘 마을 사람들과 보라 마을 사람들도 함께 종을 연주했어요. (주황 · 하늘 · 보라 핸드벨(레 · 솔 · 시) 동시 연주음)

여러 가지 색깔 종이 함께 연주를 하면 더 훌륭하고 근사한 음악을 만들 수 있다는 것을 알게 된 색깔 마을 사람들은 모두 다 같이 모여 종을 연주하기로 했어요.

종소리 나라 무지개 색깔 마을 사람들은 모두 한 자리에 모였어요. 그리고 지휘에 맞추어 아름다운 음악을 연주했답니다. ('반짝 반짝 작은 별' 연주)

활 동

10 생선가게 놀이

집단형태

자유선택활동

활동유형

역할 놀이 영역

활동자료

사진자료(생선가게, 생선), 생선가게 놀이 소품(모형 생선, 모형 얼음, 스티로폼 박스, 앞치마, 계산기, 저울, 칼, 도마, 비닐장갑), 요리 도구(냄비, 프라이팬, 석쇠, 국자, 뒤집개, 그릇)

'생선가게' 환경 구성

활동목표

- 내 동네 주변의 지역사회 기관에 관심을 갖는다.
- 생선가게 놀이 상황과 역할에 알맞은 표현방법을 배우고 익힌다.
- 친구들과 협력하는 태도를 기른다.

활동방법

○ 역할 놀이 영역의 생선가게 놀이를 소개한다.
- 여기가 어디일까요? 무슨 놀이를 할 수 있을까요?
  - 생선가게 놀이를 할 수 있다.
- 어떤 생선이 있나요?
  - 고등어, 조기, 병어, 오징어, 갈치, 꽃게 등이 있다.

○ 생선가게에 가 본 경험을 이야기 나눈다.
- 생선가게에 가 본 적 있나요?
  - 엄마와 함께 시장의 생선가게에 가 보았다.
  - 마트에 갔을 때 생선 파는 곳을 보았다.
- 생선가게에서 무엇을 보았나요? 무슨 생선을 샀나요?
  - 여러 종류의 생선을 보았다.
  - 수조 안에 살아 있는 물고기가 있었다.
  - 고등어, 삼치, 오징어를 샀다.
  - 생선 파는 아저씨가 앞치마를 하고 장화를 신고 있었다.
  - 생선을 고르면 아저씨가 칼로 자르거나 소금을 뿌려 주었다.

○ 생선가게 놀이하는 방법을 이야기 나눈다.
- 생선가게에서 놀이하려면 어떤 사람들이 있어야 할까요?
  - 생선을 사는 사람(손님), 생선을 파는 사람, 생선을 손질해 주는 사람이 있어야 한다.
- 생선을 사는 사람은 어떻게 해야 할까요?
  - 어떤 생선을 사고 싶은지 고른다.
  - 원하는 대로 손질해 달라고 부탁한다.
  - 계산한다.

■ 생선을 파는 사람은 어떻게 해야 할까요?

- 손님이 오면 인사한다.
- 손님이 고른 생선을 손질하거나 포장해 준다.
- 계산해 준다.

■ 안쪽에는 생선요리를 하는 곳도 있어요. 요리사를 하고 싶은 사람은 생선요리를 만들어 줍시다.

○ 방안놀이 시간에 생선가게 놀이를 한다.

생선 고르기

계산하기

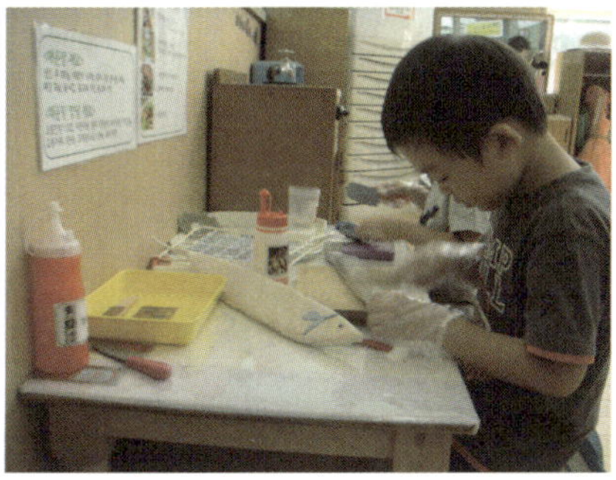

생선 손질하기

생선 굽기

관련활동

■ 수학 · 조작 영역 '생선 굽기' (40쪽 참고)

활동 11

생선 굽기

집단형태

자유선택활동

활동유형

수학 · 조작 영역

활동자료

불꽃판 2개, 불꽃모양 그림 10개, 생선 모형 16마리 TIP, 지시 그림이 그려진 돌림판, 소금 모형, 식용유 모형, 뒤집개, 프라이팬 1개

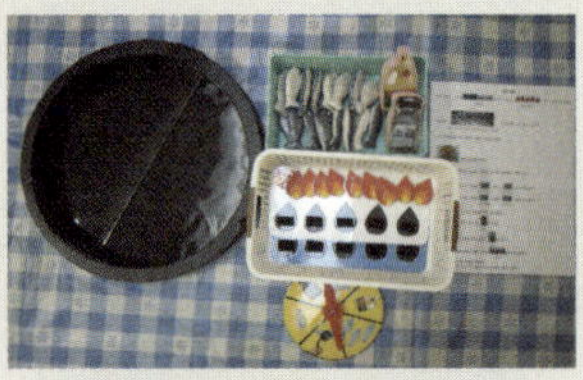

'생선 굽기' 활동자료

TIP 생선의 한쪽 면은 파란색, 다른 한쪽 면은 하얀색으로 제작한다.

활동목표

- 생선을 굽는 방법에 관심을 갖는다.
- 게임방법을 알고 규칙을 지키며 게임을 한다.

활동방법

○ 수학 · 조작 교구의 구성물을 살펴보며 게임방법에 대해 이야기 나눈다.

- 게임에 필요한 준비물을 살펴봅시다. 어떤 것들이 있나요?
  - 프라이팬, 생선, 뒤집개, 식용유, 소금, 불꽃판과 불꽃모양 그림, 돌림판
- 이 게임은 돌림판을 돌려 나온 그림을 보고 프라이팬에 올려진 생선을 많이 뒤집는 사람이 이기는 게임이에요.

○ 게임을 준비한 후 시범 보인다.

- 이 게임은 2명이서 하는 게임이에요.
- 게임을 하기 전 불꽃판을 하나씩 나누어 가지세요.
- 프라이팬에 생선을 올려놓으세요. 생선들 중 반(8마리)은 파란색이 보이게, 나머지 반(8마리)은 하얀색이 보이게 올려놓으세요.
- 누가 어떤 색 생선을 맡을지 정하세요. 파란색 생선을 맡은 사람은 흰 생선을 파란색이 보이도록 뒤집고, 흰 생선을 맡은 사람은 파란색 생선을 흰색이 보이도록 뒤집는 거예요.
- 생선의 색깔을 정한 후에 돌림판을 돌릴 순서를 정하세요. 가위바위보를 해서 이긴 사람이 먼저 불꽃판에 불꽃을 하나 붙이고 돌림판을 돌리세요.
- 어떤 그림이 나왔나요? 모두 4가지의 각 그림이 어떤 지시를 나타내는지 알려 줄게요.
  - 생선 그림: 돌림판의 생선 수만큼 프라이팬에 있는 생선을 뒤집는다. 내가 맡은 색깔이 보이도록 뒤집는다.
  - 식용유 그림: 생선이 잘 구워질 수 있도록 식용유를 프라이팬에 한 번 두른다.
  - 소금 그림: 생선에 간이 배도록 소금을 조금 뿌린다.
  - 생선을 뒤집개로 누르는 그림: 생선이 잘 익도록 뒤집개로 꾹꾹 눌러준다.
- 이런 방법으로 순서대로 불꽃판에 불꽃을 붙인 후 돌림판을 돌려 지시대로 생선을 뒤집으세요.

■ 불꽃판에 5개의 불꽃을 모두 붙이면 게임이 끝나는 거예요.

■ 누가 이겼는지 어떻게 알 수 있을까요?

• 각자 자신이 맡은 색깔 생선을 세어 본다.

• 자신이 맡은 색깔 생선이 더 많은 사람이 이긴다.

○ 게임을 한다.

○ 게임의 결과를 알아본다.

■ 5개의 불꽃을 모두 채웠나요?

■ 어떤 색깔의 생선이 더 많은가요? 함께 세어 봅시다.

관련활동

■ 역할 놀이 영역 '생선가게 놀이' (38쪽 참고)

내 동네

유치원 동네

돌림판 돌려 지시대로 생선 뒤집기

활동 12 나뭇가지로 그림 그리기

집단형태

자유선택활동 · 소집단활동
(약 10명)

활동유형

실외 영역 · 이야기나누기

활동자료

나뭇가지, 쟁반, 흙

TIP 유아들의 안전을 고려하여 유아들이 쥐고 그림을 그리기에 적절한 나뭇가지를 찾는다. 15~20cm 정도의 길이에 가시 박히는 일이 없도록 단단한 나뭇가지가 좋다.

마당의 모래 바닥에 나뭇가지로 그림 그리기

쟁반에 흙 담기

활동목표

- 재료를 다양한 방법으로 활용하는 방법을 익힌다.
- 자신의 생각을 조형 작품으로 표현하는 능력을 기른다.

활동방법

○ 나뭇가지로 그림 그리기 활동을 소개한다.
- ○○○반 어린이들은 무엇으로 그림을 그리는 것을 좋아하나요?
  - 크레파스로 그리는 것이 좋다.
  - 물감으로 그리는 것이 좋다.
- 나뭇가지로도 그림을 그릴 수 있어요. 어떻게 그릴 수 있을까요?
  - 나뭇가지로 모래 위에 그림을 그린다.
  - 나뭇가지에 물감을 묻혀서 그림을 그린다.
- 오늘 마당 놀이 시간에 쟁반에 모래를 담고 흙을 나뭇가지로 모래 위에 그림을 그려 볼 거예요.

○ 마당 놀이 시간이나 야외학습 시간에 나뭇가지를 모은다.
- 어떤 나뭇가지가 그림을 그리기에 좋을까요? TIP
  - 손에 쥐고 힘을 줬을 때 부러지지 않을 정도로 단단한 나뭇가지가 좋다.
  - 너무 뾰족하거나 거친 나뭇가지는 위험할 수 있으므로 좋지 않다.
  - 손으로 잡기 편하도록 너무 길거나 굵지 않은 나뭇가지가 좋다.
- 그림을 그릴 때 쓸 나뭇가지를 찾아보세요.

○ 나뭇가지로 마당에 그림을 그린다.
- 나뭇가지로 바닥에 그림을 그려 봅시다.
- 그림이 어떻게 나타나나요?
  - 나뭇가지로 판 부분에 좀 더 짙은 흙이 드러난다.
- 나뭇가지를 세워서 흙을 파면서 그림을 그려 보세요.
- 나뭇가지를 눕혀서 흙을 밀어내며 그림을 그려 보세요.
- 마당에 떨어져 있는 나뭇잎이나 꽃잎을 주워와서 그림을 꾸며도 좋아요.
- 어떤 그림을 그렸나요?

○ 쟁반에 흙을 담고 나뭇가지로 그림을 그린다.

■ 이번에는 흙바닥 대신 쟁반에 흙을 덮어 나뭇가지로 그림을 그려 봅시다.

■ 쟁반에 흙을 담아 보세요. 쟁반 위에서 흙을 체로 쳐서 고운 흙이 쟁반에 고루 쌓이게 해보세요. 물 조리개로 물을 살짝 뿌리면 그림 그리기가 좋아요.

■ 나뭇가지로 그림을 그리면 쟁반에 담긴 흙이 어떻게 될까요?

• 나뭇가지가 지나간 곳의 모래가 밀려나면서 쟁반 색깔이 드러난다.

■ 쟁반 위에 나뭇가지로 그림을 그려 보세요.

○ 유아들이 나뭇가지로 그린 그림을 사진으로 찍어 벽면에 게시하여 함께 감상한다.

하얀색 쟁반에 그림 그리기

노란색 쟁반에 그림 그리기

활동 13

즐거운 음악회

집단형태

대집단활동

활동유형

신체(체조)

활동자료

체조 음악 테이프, 카세트테이프 플레이어

교사와 유아가 시범 보이기

반집단 유아가 체조하기

전체 유아가 체조하기

활동목표

- 체조의 필요성을 안다.
- 음악에 맞추어 규칙성 있는 동작을 표현한다.

활동방법

○ 체조에 대해 소개한다.

- ‘체조’라는 말을 들어본 적이 있나요?
  - 운동선수들이 경기를 시작하기 전에 준비 체조를 한다.
- ‘체조’는 몸을 건강하게 하고 힘을 길러 주기 위해서 하는 운동이에요. 어린이들이 체조를 하면 몸과 마음이 튼튼하게 자랄 수 있어요.

○ 교사가 체조 시범을 보인다.

- 선생님이 음악에 맞춰서 체조를 할 테니 잘 보세요.

○ 체조 동작을 소개한다.

- 이제 선생님을 따라 한 동작씩 해볼 거예요.

○ 유아 2~3명이 앞에 나와 시범을 보인다.

- 앞에 나와서 선생님과 함께 체조하는 모습을 친구들에게 보여 줄 사람 손들어 보세요.

○ 반집단 유아가 음악에 맞추어 체조를 한다.

- 첫 번째로 체조를 할 어린이들 앞에 나와서 양팔을 벌리고 옆 사람과 부딪히지 않게 넓게 서보세요.

○ 동작을 평가하고 어려웠던 동작을 다시 한 번 해본다.

- 어떤 동작이 어려웠나요?
  - 유아들의 의견을 듣고 어려웠던 동작을 교사가 다시 한 번 정확히 시범 보인다.

○ 다른 반집단 유아가 음악에 맞춰 체조를 한다.

○ 전체 유아가 다 함께 체조를 한다.

동 작

| 즐거운 음악회 – 1절 |

악보 및 설명	동 작
 ① 준비하는 동안에는 무릎을 모으고 가볍게 굽혔다 펴기를 계속한다. 이 동작은 체조가 끝날 때까지 지속한다.	
 ② 시작과 함께 손바닥을 아래로 향하게(손등은 위를 향함) 하여 오른쪽 팔을 앞으로 내민다. 앞으로 내민 팔을 자신의 어깨높이까지 올렸다 내리는 것을 두 번 반복한다.	
 ③ 반대로 왼쪽 팔을 ②번과 같은 방법으로 올렸다 내리는 것을 두 번 반복한다.	
 ④ 이번에는 양팔을 앞으로 내밀고 어깨높이까지 올렸다 내리는 것을 네 번 반복한다.	
 ⑤ 오른쪽 팔을 옆으로 내밀고 어깨높이까지 올렸다 내리는 것을 두 번 반복한다.	
 ⑥ 반대로 왼쪽 팔을 ⑤번과 같은 방법으로 올렸다가 내리는 것을 두 번 반복한다.	

악보 및 설명	동 작
 ⑦ 이번에도 양팔을 양 옆으로 내밀고 어깨높이 만큼 올렸다 내리는 것을 네 번 반복한다.	
 ⑧ 오른쪽 팔을 자유형 동작을 하듯이 뒤에서 앞으로 크게 한 번 돌린다. 이어서 왼쪽 팔도 같은 방법으로 한 번 돌린다.	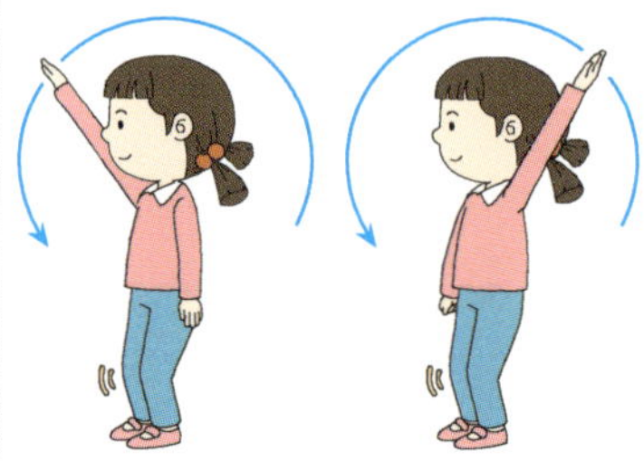
 ⑨ ⑧번 동작을 한 번 반복한다.	
 ⑩ 이번에는 양팔을 접영 동작을 하듯이 뒤에서 앞으로 크게 네 번 돌려준다.	
 ⑪ 오른쪽 팔을 배영 동작을 하듯이 앞에서 뒤로 크게 한 번 돌린다. 이어서 왼쪽 팔도 같은 방법으로 한 번 돌린다.	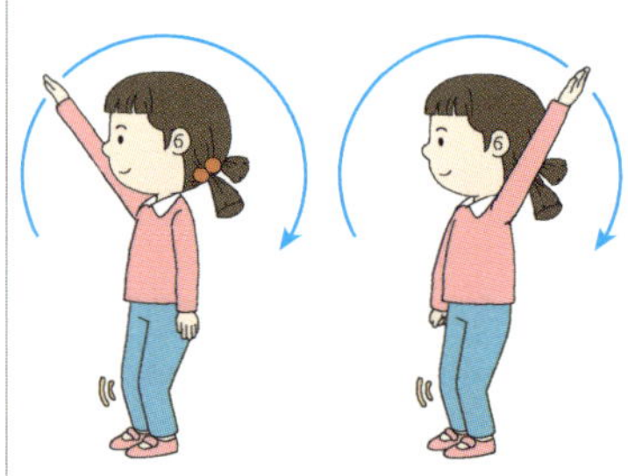
 ⑫ ⑪번 동작을 한 번 반복한다.	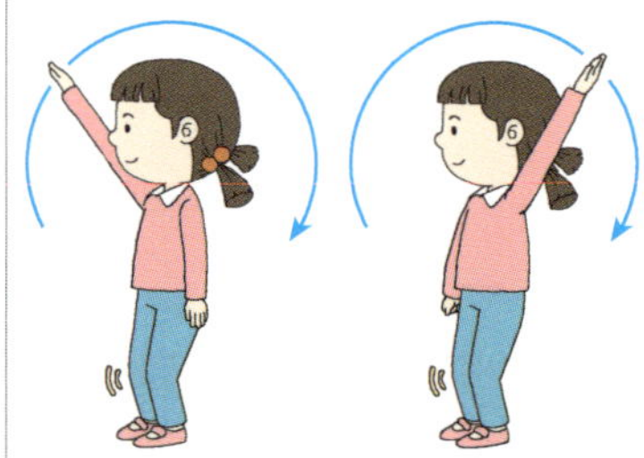

악보 및 설명	동 작
 ⑬ 양쪽 팔을 배영 동작을 하듯이 앞에서 뒤로 크게 네 번 돌린다.	
 ⑭ 팔을 몸 앞에서 좌 · 우로 흔들어 주며 오른쪽으로 두 걸음 옮긴다. 마지막 박자에서는 손뼉을 한 번 치면서 왼발을 오른발 뒤에 찍는다.	
 ⑮ 방향을 바꾸어 팔을 움직이며 왼쪽 방향으로 두 걸음 옮긴다. 마지막 박자에서는 손뼉을 치면서 오른발을 왼쪽 발 뒤에서 찍는다.	
 ⑯ ⑭번 동작을 반복한다.	
 ⑰ ⑮번 동작을 반복한다.	
 ⑱ 팔은 아래에서 위로 'S' 자의 물결모양을 그리며 올리고, 몸은 상체를 깊숙이 굽혔다가 점점 펴면서 앞으로 세 박자 걸어 나간다. 네 박자째에서는 발을 모으고 손뼉을 한 번 치면서 왼발을 오른발 뒤에서 찍는다.	

악보 및 설명	동 작
 ⑲ ⑱번과 반대로 펴진 몸을 다시 굽히면서 뒷걸음으로 세 박자 걷는다. 팔은 ⑱번과 같은 방법으로 이번에는 위에서 아래로 'S' 자의 물결모양을 그린다. 네 박자 째에서는 손뼉을 1회 치면서 오른발을 왼발 뒤에서 찍는다.	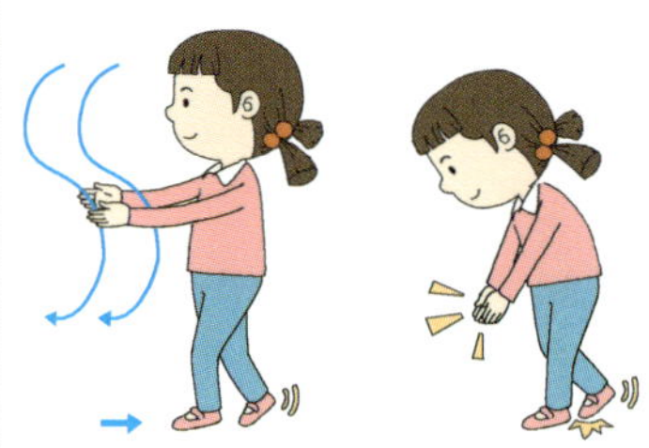
 ⑳ 양쪽 팔을 왼쪽으로 뻗은 상태에서 제자리걸음으로 한 바퀴 돈다.	
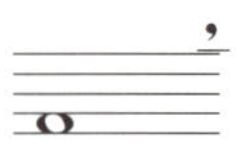 ㉑ 제자리에서 손뼉을 네 번 친다.	

| 즐거운 음악회 – 2절 |

악보 및 설명	동 작
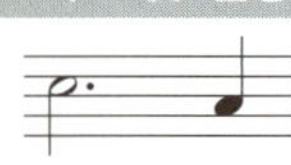 ① 오른쪽 팔을 앞으로 내민 상태에서 몸 안쪽으로 굽혀서 어깨에 대었다가 다시 앞으로 뻗는 것을 두 번 반복한다. 손바닥이 위로 가도록 하고, 시선을 손 끝에 둔다. ①의 동작이 끝나면 오른쪽 팔은 앞으로 뻗은 상태에서 ②의 동작이 끝날 때까지 기다린다.	
 ② 반대로 왼쪽 팔을 ①번과 같은 방법으로 굽혔다 펴는 것을 두 번 반복한다.	

악보 및 설명	동 작
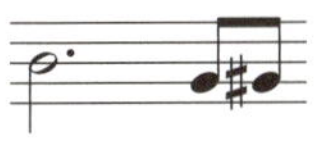 ③ 이번에는 앞쪽으로 뻗어 있는 양팔을 어깨에 닿도록 굽혔다 펴는 것을 두 번 반복한다.	
 ④ 손뼉을 네 번 친다.	
 ⑤ 오른쪽 팔을 옆으로 내민 상태에서 몸 쪽으로 굽혀서 어깨에 대었다가 다시 앞으로 뻗는 것을 두 번 반복한다. 마찬가지로 시선을 옆의 손 끝에 두도록 하고, ⑥번 동작이 끝날 때까지 팔을 내리지 않고 들고 있는 상태를 유지한다.	
 ⑥ 반대로 왼쪽 팔을 ⑤번과 같은 방법으로 굽혔다 펴는 것을 두 번 반복한다.	
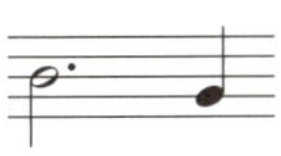 ⑦ 양옆으로 뻗어 있는 양팔을 어깨에 닿도록 굽혔다 펴는 것을 두 번 반복한다. 이때 시선을 앞에 두도록 한다.	
 ⑧ 손뼉을 네 번 친다.	

악보 및 설명	동 작
 ⑨ 오른쪽 팔을 몸 안쪽으로 굽혀 어깨에 대었다가 위로 뻗는 것을 두 번 반복한다. 시선은 위쪽에 있는 손 끝에 두고 오른쪽 팔은 위로 뻗은 채 ⑩번 동작이 끝날 때까지 기다린다.	
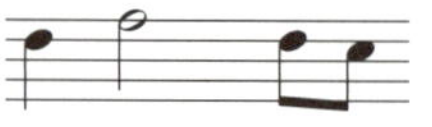 ⑩ 반대로 왼쪽 팔을 ⑨번과 같은 방법으로 굽혔다 펴는 것을 두 번 반복한다.	
 ⑪ 위를 향해 뻗어 있는 양쪽 팔을 어깨에 닿도록 굽혔다 위로 뻗는 것을 두 번 반복한다.	
 ⑫ 손뼉을 네 번 친다.	
 ⑬ 고개를 숙이고 오른쪽 팔을 몸 쪽으로 굽혀 어깨에 대었다가 아래로 뻗는다. 시선은 아래로 뻗은 손끝을 보도록 한다. 아래를 향해 뻗은 팔은 ⑭번 동작이 끝날 때까지 기다린다.	
 ⑭ 왼쪽 팔을 ⑬번과 같은 방법으로 두 번 반복한다.	

악보 및 설명	동 작
 ⑮ 아래로 뻗어 있는 양쪽 팔을 몸 쪽으로 굽혀 어깨에 대었다가 아래로 뻗는 것을 두 번 반복한다.	
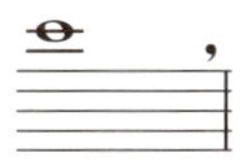 ⑯ 손뼉을 네 번 친다.	
 ⑰ 오른쪽으로 한 걸음 옮긴 후(한 박자째) 손뼉을 한 번 친다(두 박자째). 이때 왼쪽 발끝으로 오른발 뒤를 살짝 한 번 찍는다. 왼쪽으로 한 걸음 옮긴 후(세 박자째), 손뼉을 한 번 친다(네 박자째). 이때 오른쪽 발끝으로 왼쪽 발 뒤를 살짝 찍는다.	
 ⑱ ⑰번의 동작을 반복한다.	
 ⑲ 앞으로 세 박자 걸어 나가서 네 박자째에 손뼉을 한 번 치면서 왼발을 오른발 뒤에서 찍는다.	
 ⑳ 뒤로 세 박자 걸은 후 네 박자째에 손뼉을 1회 치면서 오른발로 왼발 뒤를 찍는다.	

악보 및 설명	동 작
 ㉑ ⑲번의 동작을 반복한다.	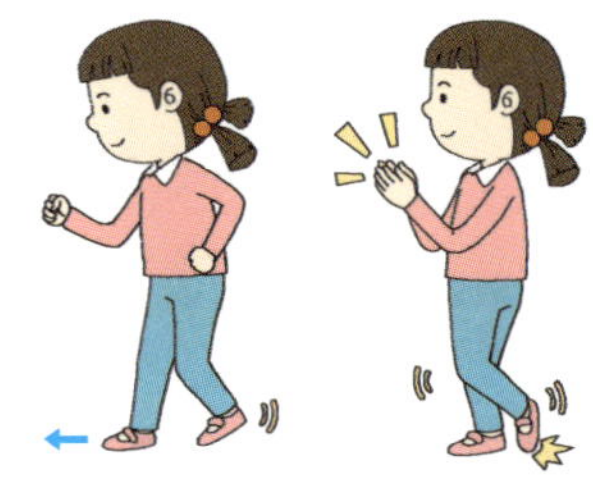
 ㉒ ⑳번의 동작을 반복한다.	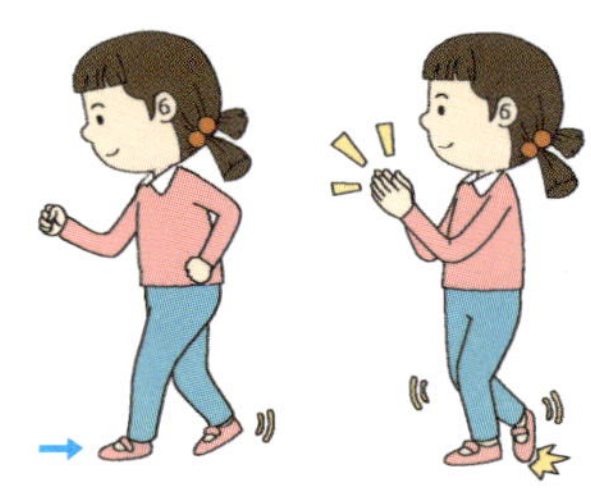
 ㉓ 양쪽 팔을 왼쪽으로 뻗은 상태에서 제자리걸음으로 한 바퀴 돈다.	
 ㉔ 제자리에서 손뼉을 네 번 친다.	

유의점

- 체조를 하는 동안 시선은 손끝을 바라보도록 한다.
- 교사가 유아에게 시범을 보일 때에는 위의 방법에서 제시한 방향과 반대 방향으로 한다. (예: 오른팔 → 왼팔, 왼팔 → 오른팔)
- 유아들의 수준과 흥미 정도에 따라 2~3차시로 나누어 실시한다. 체조의 2절은 유아들이 1절을 익숙하게 할 수 있게 된 후에 배우도록 한다.

악 보

즐거운 음악회

2. 유치원 동네

유치원 동네 / 유치원 동네 구성하기 / 대학 축제 현장학습 / 어디로 가야 할까요? / 빵가게 현장학습 / 빵가게 놀이 / 빵 사오기 / 빵 사오기 / 시장 놀이 / 페르시아의 시장 / 장 보기 / 소방서 만들기 / 동네 견학 / 동네 지도 겹쳐 보기 / 동네 모습 벽화 그리기 / 달팽이집을 지읍시다 / 다양한 북 연주하기 / 자석에 붙은 것과 붙지 않는 것 분류하기

활동 1

유치원 동네

집단형태

대집단활동

활동유형

이야기나누기

활동자료

이야기나누기자료(사거리 배경판에 가게 그림개체를 붙였다 뗄 수 있는 자료)

'유치원 동네' 이야기나누기 자료

유치원 동네 기관에 대하여 이야기나누기

활동목표

- 유치원이 있는 동네 이름을 안다.
- 유치원 동네의 지역사회 기관에 대하여 안다.

활동방법

○ 우리 유치원이 있는 동네의 이름을 알아본다.

- 이화유치원은 어느 동네에 있나요?
    - 대현동에 있다.

○ 유치원 동네에 있는 다양한 기관에 대하여 이야기 나눈다.

- 대현동에 어떤 곳들이 있나요?
    - 이화여자대학교가 있다.
    - ○○의 집도 대현동에 있다.
    - 치과가 있다.
    - 옷가게가 있다.
    - 은행이 있다.
    - ○○초등학교가 있다.
- 집 말고 또 어떤 곳들이 있을까요?

○ '우리 동네' 노래를 부르며 지역사회 기관에 대하여 이야기 나눈다.

- 대현동에는 어떤 곳들이 있는지 선생님이 불러 주는 노래를 듣고 맞춰 보세요.
- ♬우리 동네 이름은 대현동인데 아주 아주 좋아요 정말 좋아요
  커다란 네 거리엔 뭐든지 다 있어요 병원도 있고 은행도 있고 인형가게도 있죠
  우리 동네 이름은 대현동인데 아주 아주 좋아요 정말 좋아요♬
- 노래 속에서 대현동에는 어떤 곳들이 있다고 했나요?
    - 병원, 은행, 인형가게
- 병원은 언제 갈까요? 병원은 어디에 있나요?
    - 아픈 곳을 치료할 수 있는 곳이다.
- 은행은 어디에 있나요? 은행은 무엇을 하는 곳일까요? 은행에 가 본 적이 있나요? 가서 무엇을 했나요?
    - 돈을 맡기거나 찾을 수 있는 곳이다. 엄마와 함께 돈을 저금하기 위해 가본 적이 있다.

▪ 다 함께 노래를 불러 봐요.

▪ 유치원에 올 때 또 어떤 곳을 보았나요?

• 빵집, 음식점, 슈퍼마켓

▪ 이번에는 '빵집도 있고 음식점도 있고 슈퍼마켓도 있죠' 이렇게 노랫말을 바꾸어서 불러 봐요. TIP

관련활동

▪ 이야기나누기 '내가 사는 동네' (18쪽 참고)

▪ 사회 '대학 축제 현장학습' (59쪽 참고)

TIP 여러 기관, 가게자료를 준비해서 개사 시 사용한다.

활 동 2

유치원 동네 구성하기

집단형태

자유선택활동

활동유형

조형 영역

활동자료

유치원 동네의 기관을 돌아보면서 찍은 사진, 가위, 셀로판테이프, 우드락 TIP, TV동화 틀이나 정면에 구멍을 뚫어 놓은 박스

TIP 사진을 붙여 세울 우드락을 준비해 놓는다.

활동목표

- 유치원 동네의 지역사회 기관에 대해 안다.
- 사물 간의 공간 관계에 대해 안다.

활동방법

○ 유치원 동네의 기관을 돌아보면서 찍은 사진들을 보고 유치원 동네의 다양한 기관에 대하여 이야기를 나눈다.
- 그동안 유치원 동네를 돌아보며 무엇을 보았나요?
  - 빵가게, 소방서, 악기점, 서점, 자연사박물관, 병원
- 동네를 돌아보며 찍은 사진들을 준비했어요. 어디에서 찍은 사진인가요?
- 이곳은 어디에 있었나요? 이곳에서 무엇을 보았나요?

○ 활동을 소개한다.
- 우리가 유치원 동네를 돌아보면서 찍은 사진들을 오리고 세워서 유치원 동네를 만들어 볼 거예요.

○ 사진을 오리고 우드락에 붙인다.
- 건물 그림을 오려 봅시다. 선생님이 가위로 오릴 수 있도록 테두리를 그려 줄게요. 테두리를 따라 오리세요.
- 오린 건물을 (우드락 조각을 보여 주며) 이 우드락 조각에 붙이면 상자 뒤에 세울 수 있어요. 종이를 풀로 우드락에 붙이세요.

○ 오려 낸 건물을 종이 상자 안에 세워 유치원 동네를 구성한다.
- 먼저 유치원을 상자 안에 세워 봅시다.
- 유치원을 나서면 무엇이 보이나요?
- ○○ 옆(앞, 뒤)에는 무엇이 있었나요?
- 우리가 준비한 건물을 모두 세웠나요? 유치원 동네가 완성되었어요.
- 부모님과 함께 유치원을 오고 가다가 본 건물을 사진 찍어 오세요. 그림으로 그려도 좋아요. 우리가 만든 상자 안에 세워서 유치원 동네를 더 꾸며 봅시다.

관련활동

- 이야기나누기 '유치원 동네'

활동 3 대학 축제 현장학습

활동목표

- 유치원 동네의 축제에 관심을 갖는다.
- 안전하게 야외학습을 다녀온다.

활동방법

○ 대학의 창립기념일과 축제를 소개한다.

- 생일을 맞이하면 기분이 어떤가요?
- 생일이 되면 사람들이 어떻게 축하해 주나요?
  - 케이크나 맛있는 것들을 먹는다.
  - 생일인 사람에게 선물을 준다.
  - 함께 모여서 놀거나 파티를 하기도 한다.
- 이화여자대학교도 생일이 있어요. 대학교의 생일은 어떤 날일까요?
  - 학교가 처음 생긴 날, 학교가 처음 문을 연 날
- 5월 31일은 이화여자대학교 생일이에요.
- 이화여자대학교 생일을 축하하기 위해서 많은 사람들이 모여서 축제를 하고 있어요. 유치원에 올 때 이화여자대학교의 축제를 준비하는 사람들을 보았나요? 무엇을 하고 있었나요?
  - 먹을 것을 만들고 있었다.
  - 무대를 만들고 있었다.
  - 줄다리기를 할 때 사용할 굵은 줄을 꼬고 있었다.
- 우리도 이화여자대학교 축제를 구경하러 갈 거예요.

○ 대학 축제 현장학습에서 볼 수 있는 것에 대해 이야기한다.

- 축제에서는 맛있는 음식을 만들어서 나누어 먹기도 하고, 게임도 하고, 줄다리기를 하기도 해요.

○ 야외학습을 갈 때 지켜야 할 약속에 대하여 이야기한다.

- 축제에는 사람들이 많이 모여요. 우리가 현장학습을 안전하게 다녀오려면 어떤 약속을 지켜야 할까요?
  - 선생님을 잘 보고 따라간다.
  - 짝과 함께 손을 잡고 줄을 서서 이동한다.

집단형태

대집단활동

활동유형

사회

활동자료

대학 축제 모습 사진자료, 가방, 비상약품, 일회용종이컵, 물통, 호루라기, 휴지, 디지털카메라, 비상연락망, 휴대전화 TIP 1

TIP 1 일정 변경 등 현장학습 시 일어날 수 있는 비상상황에 대비해 휴대한다.

TIP 2 동네에서 개최되는 각종 행사에 유사한 방식으로 참여한다.

대학 축제 구경하기

- 축제에 있는 물건을 함부로 만지지 않는다.

○ 화장실에 다녀온 후 야외학습 장소로 출발한다.

- ■ 화장실에 다녀온 후 마당에 두 줄로 서세요.

○ 다양한 축제 행사를 구경한다. **TIP 2**

- 장터에서 간식 구매하기
- 줄다리기에 필요한 줄 만져 보고 꼬아 보기
- 공연 구경하기

○ 유치원으로 돌아온다.

- ■ 축제에서 어떤 것을 보았나요?
- ■ 무엇이 재미있었나요?
- ■ 우리가 약속했던 것들을 잘 지켰나요?

유의점

- ■ 교사는 야외학습 전날, 사전 답사를 통해 유아들이 이동하기에 안전한 경로와 유아들에게 적합한 볼거리, 참여할 거리 등을 조사하여 야외학습 계획에 반영한다.

활동 4 어디로 가야 할까요?

활동목표

- 지역사회 기관의 종류와 기능을 안다.
- 반복된 구절을 낭송하며 운율을 느낀다.

활동방법

○ 다양한 지역사회 기관에 대해 이야기 나눈다.

- 몸이 아플 때에는 어디로 가야 할까요?
  - 병원으로 간다.
  - 약국에 간다.
- 병원이나 약국에 가면 무엇을 할 수 있나요?
  - 병원에서 의사선생님께 아픈 부위를 진찰받을 수 있다.
  - 병원에서 처방 받은 약을 약국에서 살 수 있다.
- 편지를 보내거나 소포를 부치려면 어디로 가야 할까요?
  - 우체국에 간다.
- 우체국에 가서 편지나 소포를 붙여 본 적이 있나요? 어떻게 했나요?
  - 우표를 사서 편지봉투나 소포상자에 붙여 우편함에 넣었다.
- 열심히 모은 돈을 저금하려면 어디로 가야 할까요?
  - 은행으로 간다.
- 은행에 가 본 적이 있나요? 누구와 함께 갔나요? 무엇을 보았나요?
  - 엄마와 함께 은행에 가서 통장에 저금하시는 것을 보았다.
  - 아빠와 함께 은행에 가서 우리나라 돈을 다른 나라 돈으로 바꾸는 것을 보았다.

○ '어디로 가야 할까요?' 동시를 소개한다.

- 이런 내용이 담긴 동시가 있어요. '어디로 가야 할까요?' 라는 동시예요.
- 이 동시는 '김은수' 선생님이 지은 동시예요.

○ 교사가 '어디로 가야 할까요?' 동시를 낭송한다.

○ 동시자료를 사용하여 교사가 다시 한 번 동시를 낭송한다.

○ 동시를 나누어 낭송한다.

- 동시를 나누어서 낭송할 거예요.

집단형태

대집단활동

활동유형

동시

활동자료

사진자료(병원, 우체국, 은행), 그림 동시자료, 게시판

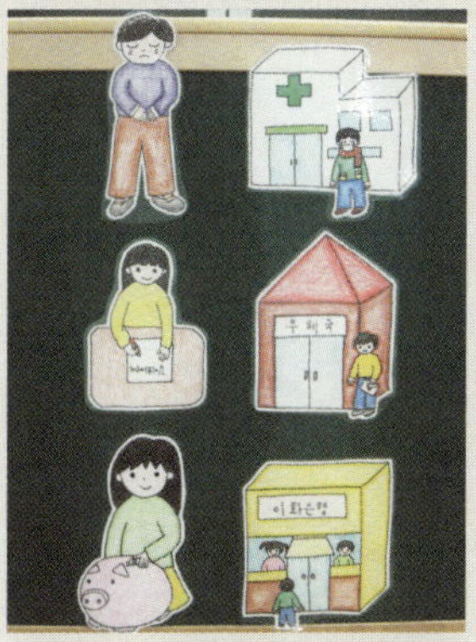

'어디로 가야 할까요?' 동시자료

- 선생님이 어디로 가야 할지 묻는 부분을 낭송하면 ○○○반 어린이들이 대답하는 부분을 낭송해 보세요.
- 이번에는 바꾸어서 낭송해 봅시다.
- 이번에는 남자 어린이, 여자 어린이들이 역할을 나누어서 낭송해 봅시다.

○ 동시의 내용을 바꾸어 낭송한다.

- ○○○반 어린이들이 동시의 말을 바꾸어 볼 수 있어요.
- 병원, 우체국, 은행 대신에 어떤 곳을 넣어서 동시를 바꾸어 볼까요?

관련활동

- 조형 영역 '유치원 동네 구성하기' (58쪽 참고)
- 이야기나누기 '유치원 동네' (56쪽 참고)

동 시

어디로 가야 할까요?

김은수
(이대부속유치원 교사)

아야아야 배가 아파요
어디로 가야 할까요?
어서 병원으로 가세요!

또박또박 편지를 썼어요
어디로 가야 할까요?
우체국으로 가세요!

저금통이 꽉 찼어요
어디로 가야 할까요?
은행으로 가세요!

활동 5

빵가게 현장학습

활동목표

- 유치원 동네의 지역사회 기관에 대해 안다.
- 빵가게를 이용하는 방법을 안다.
- 안전하게 현장학습을 다녀온다.

활동방법

○ 현장학습을 가는 날 계획하기 시간에 모여 앉아 빵가게 현장학습 일정과 목적에 대하여 이야기 나눈다.

- 오늘 어디에 가기로 했나요?
  - 빵가게
  - (빵가게 사진을 보여 주며) 선생님이 오늘 갈 곳 사진을 미리 찍어왔어요. 빵가게에 무엇이 있나요?
  - 빵, 빵을 집는 집게, 빵을 담는 쟁반, 계산대, 책상과 의자
- ○○○반 어린이들이 빵가게에 가서 간식으로 먹을 빵을 사올 거예요.
- 두 모둠으로 나누어서 빵가게에 다녀오기로 해요. 모두 함께 가지 않고 나누어 가는 이유는 무엇일까요?
  - 20명이 들어가면 빵가게 안이 복잡해져서 다른 손님들이 빵을 사기가 불편하다.
- 두 모둠으로 나누어서 빵가게에 다녀오기로 해요.

○ 모둠별로 어떤 빵을 사오고 싶은지 정한다. TIP 2

- (여러 종류의 빵 사진을 보여 주며) 빵가게에 가서 이런 빵을 사올 수 있어요.
- 1모둠 어린이들은 어떤 빵을 고르겠어요?
- 2모둠 어린이들은 어떤 빵을 고르겠어요?
- 간식 시간에 먹으려면 몇 개를 사와야 할까요?
- 빵을 사오려면 무엇이 필요할까요?
  - 돈, 장바구니

○ 현장학습을 갈 때 지켜야 할 약속에 대해 이야기한다.

- 빵가게로 오고 가는 길에서 어떤 약속을 지켜야 할까요?
  - 짝과 함께 손을 잡고 줄을 서서 걷는다.
  - 길을 건널 때는 차가 오지 않는지 확인한 후 건넌다.

집단형태

중집단활동(약 15명)

활동유형

사회

활동자료

현장학습 장소(빵가게) 사진, 빵가게에서 파는 빵의 사진 및 가격표, 간식구입비, 장바구니, 비상약품, 휴지, 물티슈, 일회용종이컵, 물통, 비상연락망, 호루라기, 디지털카메라, 휴대전화 TIP 1

TIP 1 일정 변경 등 현장학습 시 일어날 수 있는 비상상황에 대비해 휴대한다.

TIP 2 교사는 빵가게 사전 답사 시 유아들의 기호와 영양, 간식 예산 등을 고려하여 4~5가지 빵 종류를 사진으로 찍어와 유아들이 선택할 수 있도록 한다.

빵 종류 및 수량 정하기

빵가게에서 계산하고 영수증 받기

- ■ 빵가게에서는 어떤 약속을 지켜야 할까요?
  - • 빵가게에 진열된 빵을 손으로 만지지 않는다.
  - • 빵가게에서 조용조용히 말한다.
  - • 주인아저씨(아주머니)의 설명을 잘 듣는다.

○ 화장실에 다녀온 후 출발한다.

○ 빵가게에 도착해서 빵가게를 구경한다.

- ■ 빵을 만드는 곳은 어디일까요?
- ■ 구운 빵은 어디에 두었나요?
- ■ 계산하는 곳은 어디일까요?

○ 빵가게에서 빵을 구입한다.

- ■ 빵을 사려면 어떻게 해야 할까요?
  - • 쟁반과 집게를 든다.
  - • 원하는 빵을 집게로 집어서 쟁반에 담는다.
  - • 빵을 바닥에 떨어뜨리지 않도록 쟁반이 기울어지지 않게 잘 잡는다.
- ■ 어떤 빵이 있나요? 이름표에 무엇이 적혀 있나요?
  - • 빵 이름과 설명, 가격이 적혀 있다.
- ■ 우리가 사기로 한 빵은 어디에 있나요? 몇 개씩 사기로 했나요?
- ■ 개수만큼 쟁반에 담아 주세요. 이제 어떻게 해야 할까요?
  - • 계산해야 한다.
  - • 고른 빵을 계산대로 가져간다.
- ■ 빵가게 점원에게 빵이 모두 얼마인지 물어보고 돈을 낼 거예요. 영수증도 받으세요.
- ■ 빵은 장바구니에 담아 주세요.
- ■ 다 함께 '감사합니다.' 하고 인사 드려요.

○ 유치원으로 돌아와서 간식 시간에 빵을 나누어 먹는다.

관련활동

- ■ 역할 놀이 영역 '빵가게 놀이' (65쪽 참고)
- ■ 수학 · 조작 영역 '빵 사오기' (66쪽 참고)
- ■ 신체(게임) '빵 사오기' (68쪽 참고)

활동 6 빵가게 놀이

활동목표

- 빵가게를 이용하는 방법을 배운다.
- 빵가게 놀이 상황과 역할에 알맞은 표현방법을 배우고 익힌다.

활동방법

○ 빵가게에 가보았던 경험을 이야기 나눈다.

- 며칠 전 빵가게에 현장학습을 다녀왔지요? 빵가게에서 무엇을 보았나요?
  - 다양한 종류의 빵(예: 식빵, 소시지빵, 도넛, 크림빵 등)을 보았다.
  - 빵을 담는 쟁반과 집게가 있었다.
  - 음료수, 잼, 쿠키도 있었다.

○ 빵가게 놀이하는 방법을 이야기 나눈다.

- 빵가게 놀이를 하려면 어떤 사람들이 필요할까요?
  - 빵을 사는 사람(손님), 빵을 파는 사람(주인 또는 점원), 빵을 만드는 사람(제빵사)
- 손님을 맡은 사람들이 빵을 사려면 어떻게 해야 하나요?
  - 쟁반에 집게를 이용해서 원하는 빵을 담는다.
  - 계산한다.
- 주인 또는 점원을 맡은 사람들이 빵을 팔려면 어떻게 해야 할까요?
  - 손님이 오면 인사한다.
  - 손님이 고른 빵을 포장 비닐에 담고 계산해 준다.
- 제빵사들은 무엇으로 빵을 만드나요? 어떻게 만드나요?
  - 점토를 이용해서 빵이나 쿠키를 만든다.
  - 틀에 찍어서 오븐에 굽는다.
  - 구운 빵을 보기 좋게 진열한다.

○ 방안 놀이 시간에 빵가게 놀이를 한다.

관련활동

- 사회 '빵가게 현장학습' (63쪽 참고)
- 수학 · 조작 영역 '빵 사오기' (66쪽 참고)
- 신체(게임) '빵 사오기' (68쪽 참고)

집단형태

자유선택활동

활동유형

역할 놀이 영역

활동자료

여러 가지 빵 모형(예: 식빵, 크루아상, 바게트, 도넛, 머핀, 카스텔라 등), 쟁반, 집게, 포장 비닐, 빵 굽기 도구(예: 오븐, 빵틀, 과자틀, 유산지, 계량컵 등), 무독성점토, 점토칼

빵가게 놀이

활동 7 빵 사오기

집단형태

자유선택활동

활동유형

수학 · 조작 영역

활동자료

빵 모형(예: 도넛, 머핀, 바게트, 식빵 등), 빵이 그려져 있는 돌림판, 빵의 개수를 선택할 수 있는 돌림판, 게임판

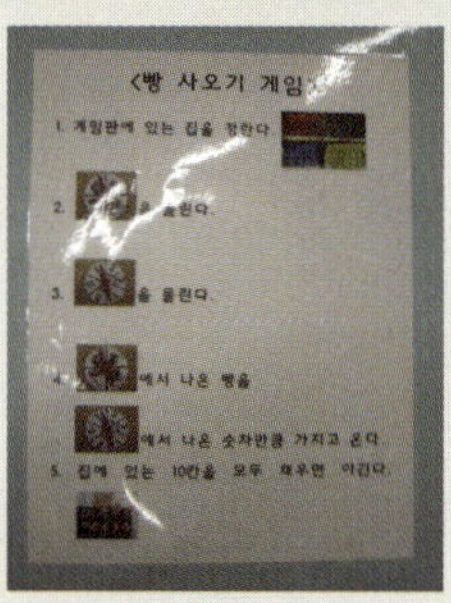

'빵 사오기' 활동자료

활동목표

- 빵가게의 역할을 안다.
- 1부터 6까지 숫자를 세고 일대일 대응을 한다.

활동방법

○ 수학 · 조작교구의 구성물을 살펴본다.

- 상자 안에 어떤 것들이 들어있는지 살펴봅시다. 이곳은 어떤 곳인가요?
  - 빵가게
- 빵가게에 어떤 빵들이 있나요?
  - 도넛, 머핀, 바게트, 식빵
- 상자 안에 또 무엇이 있나요?
  - 돌림판, 빵을 담을 수 있는 칸
- 돌림판이 몇 개 있나요?
  - 2개
- 각각의 돌림판에는 무엇이 그려져 있나요?
  - 한 돌림판에는 여러 가지 빵 그림이 있다.
  - 한 돌림판에는 1~6까지 숫자가 있다.

○ 게임방법을 이야기 나눈다.

- 어린이들 2명에서 4명이 함께 게임을 할 수 있어요. 먼저 가위바위보를 해서 순서를 정해요. 순서를 정한 다음에는 무엇을 할까요?
  - 돌림판을 돌린다.
- (빵이 그려져 있는) 이 돌림판을 돌려 화살표가 멈춘 곳에 있는 빵을 골라요.
- (빵의 개수를 나타내는 돌림판을 보여 주며) 빵을 고른 후에는 빵의 개수를 나타내는 돌림판을 돌려요. 이 돌림판에 돌려 나온 숫자만큼 빵을 가져가세요. 갖고 있는 칸에 빵을 넣는 거예요. 빵을 넣는 칸이 몇 개 있나요?
  - 10칸이 있다.
- 10개의 칸에 빵을 먼저 다 넣는 사람이 이기는 게임이에요.

○ 게임을 한다.

- 먼저 가위바위보를 해서 게임의 순서를 정해 보세요.

- 순서를 정했으면 빵을 담는 칸을 고르세요.
- 가위바위보에서 가장 먼저 이긴 사람부터 돌림판을 돌려봅시다.

○ 게임의 결과를 알아본다.

- 누가 가장 먼저 10칸을 모두 채웠나요?
- 아직 칸을 채우지 못한 사람들은 몇 칸이 남았나요? 게임을 계속해서 10칸을 채워 보세요.

관련활동

- 사회 '빵가게 현장학습' (63쪽 참고)
- 역할 놀이 영역 '빵가게 놀이' (65쪽 참고)
- 신체(게임) '빵 사오기' (68쪽 참고)

'빵 사오기' 게임하기

활동 8 빵 사오기

집단형태

대집단활동

활동유형

신체(게임)

활동자료

출발표시, 빵가게, 여러 가지 빵 모형과 그림(유아 수만큼), 장바구니 2개, 게시판, 신호악기, 평가자료(빵 그림 약 30개)

활동대형

'빵 사오기' 게임 활동대형

활동목표

- 빵가게의 역할을 안다.
- 게임방법을 알고 규칙을 지키며 게임을 한다.

활동방법

○ 게임자료를 보며 게임방법을 이야기한다.
- 선생님 맞은편에 무엇이 있나요?
  - 빵가게
- 빵가게의 진열대에 여러 종류의 빵이 놓여 있어요.
- 선생님 옆에는 무엇이 있나요?
  - 장바구니
- 장바구니를 가지고 빵가게에서 빵을 사오는 게임을 할 거예요.
- 양편에서 한 사람씩 나와서 게시판에 있는 빵 그림 중 한 가지를 골라요.
- 빵 그림과 장바구니를 들고 출발표시 위에 서요.
- 선생님이 출발 신호를 하면 빵가게까지 달려가요.
- 그림에 있는 빵과 똑같은 빵을 집어 장바구니에 넣은 다음 선생님이 있는 곳까지 달려와서 악수를 하는 거예요. 이때, 가져간 그림은 가게 옆에 있는 통에 넣고 오세요.

○ 게임방법을 시범 보인다.

○ 평가방법을 이야기한다.
- 먼저 들어온 사람이 있는 편에게 빵 1개를 줄 거예요.
- 게임을 마친 후 빵의 개수가 많은 편이 이기는 거예요.

○ 게임을 응원하는 태도에 대해 이야기한다.
- 다른 친구가 게임할 때는 어떤 태도로 봐야 할까요?
  - 바르게 앉아서 다른 사람이 게임을 잘하는지 살펴본다.
  - 게임을 잘하라고 박수 쳐 주고 진 사람에게는 끝까지 잘하라는 응원을 한다.
- 편 이름을 정한다.
- 게임을 한다.

○ 게임을 평가한다.

- 빵이 몇 개인지 같이 세어 보세요.
  - 빵 그림을 떼어 내며 유아들과 함께 수를 센다.
- ○○편은 10개, △△편에는 13개가 있어요.
- 어느 편의 빵이 더 많은가요?
  - △△편이 3개 더 많다.
- 이번 게임은 빵의 개수가 더 많은 △△편이 이겼어요. △△편에게 잘해 주었다고 박수 쳐 주세요. ○○편에게도 열심히 게임해 주었다고 박수 쳐 주세요. △△편과 ○○편 점수가 1 : 0이 되었어요.

○ 두 번째 게임을 하고 평가한다.

- 두 번째 게임을 해 봅시다.
- (두 번째 게임을 마치고 평가자료의 수를 세어 본 후) 이번 게임은 어느 편 동전의 개수가 더 많나요?
  - △△편이 3개 더 많다.
- 이번 게임은 ○○편이 이겼어요. 그럼 몇 대 몇이 되었나요?
  - 1 : 1

○ 응원 태도에 대해 평가한다.

- ○○편과 △△편 모두 바르게 앉아서 응원을 잘해 주었나요?

○ 유아들과 함께 게임자료를 정리한다.

'빵 사오기' 게임하기

관련활동

- 역할 놀이 영역 '빵가게 놀이' (65쪽 참고)
- 수학 · 조작 영역 '빵 사오기' (66쪽 참고)
- 사회 '빵가게 현장학습' (63쪽 참고)

활동 9 시장 놀이

집단형태

대집단활동

활동유형

노래

활동자료

노래자료 TIP, 게시판

'시장 놀이' 노래자료

TIP 잡지나 화보 사진, 역할 놀이 영역 음식을 사용할 수 있다.

활동목표

- 시장의 특성과 기능을 안다.
- 물건을 구매하는 방법을 안다.

활동방법

○ 시장에 가 본 경험에 대해 이야기 나눈다.

- 시장에 어떤 가게들이 있나요?
  - 장난감가게, 생선가게, 그릇가게, 채소가게, 쌀가게, 정육점
- 시장에는 여러 가게들이 나란히 늘어서 있어요.

○ 가게에서 물건을 사고파는 방법에 대해 이야기 나눈다.

- 가게에 들어가면 가게 주인이 뭐라고 이야기하나요?
  - "어서 오세요."
  - "무엇을 드릴까요?"
- 물건을 사려면 어떻게 하나요?
  - 사고 싶은 물건을 고른다.
  - 가게 주인에게 "○○를 주세요." 하고 이야기한다.
  - 물건 값을 낸다.
- 물건을 사고 나면 가게 주인이 뭐라고 이야기하나요?
  - "감사합니다."
  - "고맙습니다."
  - "또 오세요."

○ '시장 놀이' 노래를 소개한다.

- 시장에 가서 물건을 사는 내용을 담은 노래가 있어요.

○ 교사가 노래를 부른다.

- 선생님이 먼저 노래를 불러 줄게요.

○ 피아노 소리로 음을 들려준다.

○ 노래자료를 사용하며 교사가 노래를 한 번 더 부른다.

○ 교사와 유아가 노래를 나누어 부른다.

- 선생님과 ○○○반 어린이들이 노래를 나누어서 불러 볼 거예요.

- 첫 부분은 다 같이 불러요.
- 선생님이 주인이 말하는 부분을 부를 테니 ○○○반 어린이들이 손님이 되어 '나는 나는 오늘은 과자가게로', '달콤하고 맛이 있는 초콜릿 주세요.' 부분을 불러 보세요.

○ 유아들이 노래를 나누어 부른다.

- 이번에는 의자에 앉아 있는 어린이들이 주인이 되고, 바닥에 앉아 있는 어린이들이 손님이 되어서 노래를 불러 봅시다.

관련활동

- 음악감상 '페르시아의 시장' (72쪽 참고)
- 신체(게임) '장 보기' (74쪽 참고)

악 보

시장 놀이

작사 · 곡 유경손

활동 10

페르시아의 시장

집단형태

대집단활동

활동유형

음악감상

활동자료

시장에서 들을 수 있는 여러 가지 소리 자료 TIP, 케텔비의 '페르시아의 시장에서' 음악 CD(카세트테이프), CD 플레이어(카세트테이프 플레이어), 그림자료(예: 낙타에 짐을 싣고 가는 상인, 시장, 공주, 마술사, 묘기를 부리는 뱀 그림 등)

TIP 활동하기 전 교사가 시장을 방문하여 많은 사람들이 웅성거리는 소리, 물건을 사고파는 소리, 상인이 물건을 손질하는 소리 등을 녹음해 온다. 특정 손님이나 가게 점원의 이야기, 소리를 녹음할 경우 교육자료로 활용할 것임을 알리고 양해를 구한 후 녹음한다.

활동목표

- 시장의 풍경을 자유롭게 상상해 본다.
- 음악을 즐겁게 감상하는 태도를 기른다.

활동방법

○ 시장에 가 본 경험에 대해 이야기 나눈다.

- 선생님이 어떤 곳으로 가서 그곳에서 들리는 소리를 녹음해 왔어요. 어디에서 들을 수 있는 소리인지 알아맞혀 보세요.
- 어떤 소리가 들렸나요?
  - 얼마인지 묻고 대답하는 소리가 들렸다.
- 어디에서 들리는 소리일까요?
  - 시장, 가게, 백화점, 마트
- 시장에 가 본 적이 있나요? 시장에 가면 어떤 소리들이 들리나요?
  - 상인이 물건을 사라고 외치는 소리가 들린다.
  - 상인들이 물건을 손질하는 소리가 들린다.
  - 손님이 얼마인지 묻는 소리가 들린다.
  - 사람들이 웅성거리는 소리가 들린다.

○ 음악감상곡을 소개한다.

- 시장의 모습을 나타낸 음악을 감상할 거예요.
- 이 음악은 '페르시아' 라는 나라의 시장 모습을 나타낸 음악이에요. '케텔비' 라는 분이 만드셨어요.

○ 케텔비의 '페르시아의 시장에서' 를 감상한다.

○ 음악감상 후 느낌을 이야기 나눈다.

- 음악을 들으니 어떤 모습이 떠오르나요?
  - 사람들이 많은 시장의 모습이 생각난다.
  - 여러 가지 물건을 파는 가게가 늘어서 있는 시장의 모습이 생각난다.

○ 음악에 사용된 악기에 대해 이야기한다.

- 어떤 악기 소리가 들렸나요?
  - 바이올린 소리가 들렸다.

- 플루트
- 첼로

■ 이 음악은 여러 가지 악기들로 이루어진 오케스트라가 연주를 했어요.

○ 자료를 사용하며 음악의 내용을 이야기한다.

■ 페르시아 시장에 낙타 한 무리가 천천히 걸어오고 있어요. 많은 사람들이 시장에서 물건을 사고팔고 있어요. 이 나라의 공주님이 시종을 거느리고 지나가기도 해요. 시장 한 켠에서는 마술을 보여 주는 사람들, 뱀이 묘기 부리는 모습을 보여 주는 사람들도 있어요.

○ 케텔비의 '페르시아의 시장에서' 를 다시 한 번 감상한다.

■ 음악을 다시 한 번 들을 거예요. 이번에는 눈을 감고 페르시아 시장의 모습을 떠올리면서 음악을 들어보세요.

관련활동

■ 노래 '시장 놀이' (70쪽 참고)

■ 신체(게임) '장 보기' (74쪽 참고)

활동 11 장 보기

집단형태

대집단활동

활동유형

신체(게임)

활동자료

부직포로 만든 가게 배경판(채소가게, 생선가게, 과일가게) 2세트, 뒷면에 벨크로 테이프를 붙인 채소·생선·과일 모형(유아 수만큼), 물건 그림과 글자가 있는 카드(유아 수만큼), 카드를 담을 바구니 2개, 게시판, 평가자료(개별 평가용 색고리 30개)

활동대형

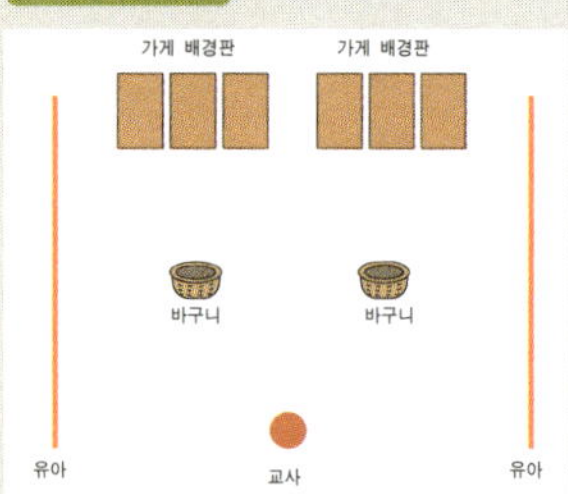

'장 보기' 게임 활동대형

활동목표

- 게임방법을 알고 규칙을 지키며 게임을 한다.
- 그림, 글자, 실물을 대응할 수 있다.

활동방법

○ 유아들이 양편으로 나누어 의자에 앉는다.

○ 게임자료를 보며 게임방법에 대해 이야기 나눈다.

- 선생님 맞은편에 무엇이 있나요?
  - 채소가게, 생선가게, 과일가게가 있다.
  - 가게에는 가게에서 파는 여러 가지 물건이 있다.
- 선생님이 갖고 있는 바구니에는 가게에 있는 물건 그림과 이름이 있는 카드가 있어요. 이 바구니를 가게로 가는 길 가운데에 놓을게요.
- 이 물건들을 이용해서 '장 보기' 게임을 할 거예요.
- 양편에서 한 사람씩 나와서 출발 신호를 듣고 바구니가 있는 곳까지 달려가요.
- 바구니 앞에 서서 카드를 한 장 뽑아요.
- 카드에 있는 물건 그림과 글자를 잘 본 후 가게로 달려가서 같은 물건을 가져오세요.
- 물건을 가지고 선생님이 있는 곳까지 먼저 달려오는 사람이 이기는 게임이에요.

○ 게임방법을 시범 보인다.

○ 게임을 볼 때의 태도에 대해 이야기한다.

- 다른 친구가 게임할 때에는 어떤 태도로 봐야 할까요?
  - 바르게 앉아서 다른 사람이 게임을 잘하는지 살펴본다.
  - 게임을 잘하라고 박수 쳐 주고 진 사람에게는 끝까지 잘하라는 응원을 한다.

○ 평가방법을 이야기한다.

- 그림 카드에 있는 물건을 가지고 먼저 들어온 사람의 편에게 색고리 한 개를 줄 거예요.
- 게임이 끝나면 색고리가 많은 편이 이기는 게임이에요.

○ 편 이름을 정한다.

○ 게임을 한다.

○ 게임을 평가한다.

■ 먼저 △△편의 색고리를 같이 세어 봅시다. 색고리가 모두 몇 개 걸려 있나요?
  • 7개
■ 이번엔 ☆☆편의 색고리를 같이 세어 봅시다. 색고리가 모두 몇 개 걸려 있나요?
  • 5개
■ 어느 편의 색고리의 수가 더 많나요? 몇 개가 더 많나요?
  • △△편의 색고리가 ☆☆편의 색고리보다 2개 더 많다.
■ 이번 게임은 △△편이 이겼어요.
■ △△편과 ☆☆편 점수가 1 : 0이 되었습니다.

○ 두 번째 게임을 하고 평가한다.

■ 두 번째 게임을 해 봅시다.
■ (두 번째 게임을 마치고 평가자료의 수를 세어 본 후) 이번 게임은 어느 편 색고리의 수가 더 많나요?
  • ☆☆편이 2개 더 많다.
■ 이번 게임은 ☆☆편이 이겼어요. 그럼 몇 대 몇이 되었나요?
  • 1 : 1

○ 응원 태도에 대해 평가한다.

■ △△편과 ☆☆편 모두 바르게 앉아서 응원을 잘해 주었나요? 함께 즐겁고 열심히 게임해 주었다고 서로에게 박수 쳐 줍시다.

○ 유아들과 함께 게임자료를 정리한다.

관련활동

■ 노래 '시장 놀이' (70쪽 참고)
■ 음악감상 '페르시아의 시장' (72쪽 참고)

바구니에서 물건 카드 뽑기

가게에서 물건 찾기

카드에 그려진 물건과
가게에서 가져온 물건 비교하기

활 동
12 소방서 만들기

집단형태

자유선택활동

활동유형

쌓기 놀이 영역

활동자료

소방서 및 소방차 사진, 블록, 운전대, 소방서 및 소방차에 필요한 소품(예: 물탱크, 호스 등)

활동목표

- 소방서의 역할을 안다.
- 소방차의 구조와 기능에 관심을 갖는다.
- 소방서 놀이에 필요한 것을 알고 놀이에 참여한다.

활동방법

○ 소방서나 소방차를 본 경험을 이야기 나눈다.

- 소방서나 소방차를 본 적 있나요? 어디에서 보았나요?
  - 길을 지나가다가 사이렌소리를 내면서 지나가는 소방차를 보았다.
  - 집 근처에 소방서가 있다.

○ 소방서와 소방차에 대하여 이야기 나눈다.

- 선생님이 소방서 사진을 준비했어요. 소방서에 무엇이 있나요?
  - 건물 앞에 소방차가 서 있다.
  - 건물 벽에 빨간색 글씨로 '119' 라고 쓰여 있다.
- 소방차는 어떻게 생겼나요?
  - 빨간색이다. 사람들의 눈에 잘 띄기 위해 빨간색으로 칠하였다.
  - 차에 물탱크가 있다. 호스가 달려 있어서 물을 뿌릴 수 있다.
  - 사다리가 있다. 높은 곳에서 난 불을 끄고 사람을 구하기 위해 고가 사다리가 필요하다.

○ 소방서 놀이에 필요한 놀잇감을 준비한다.

- 소방서 놀이를 하려면 무엇이 필요할까요?
  - 소방서 건물을 만들 블록이 필요하다.
  - 소방차는 블록이나 바퀴가 달린 수레를 이용해서 만든다.
  - 물탱크와 호스가 필요하다.
  - 소방관 옷과 모자, 장화가 필요하다.
- 소방서를 만들 블록과 소방차를 만들 수레는 어디에서 구할까요?
  - 유희실에 있는 집짓기 블록을 사용한다.
  - 수레는 바퀴 달린 블록 보관장을 사용한다.
- 물탱크, 호스는 무엇을 이용하면 좋을까요?

- 바구니, 백어를 사용한다.

◯ 소방서와 소방차를 만들어 소방서 놀이를 한다.

소방서와 소방차

물탱크 실은 소방차

소방차 출동하기

물 뿌리기

활 동 13

동네 견학

집단형태

대집단활동

활동유형

노래

활동자료

유아들과 함께 견학한 장소에서 찍은 사진

TIP 유아들과 유치원 동네에 있는 기관으로 견학을 다녀온 후, 견학 장소에서 보았던 것들로 노랫말을 바꾸어서 수업을 진행한다. 본 활동은 소방서를 예로 서술하였다.

활동목표

- 유치원 동네에 다양한 지역사회 기관이 있음을 안다.
- 각 지역사회 기관의 종류와 기능을 안다.

활동방법

○ 견학을 다녀온 후 견학 장소에서 보았던 것을 회상한다. TIP

- 어느 곳으로 견학을 다녀왔나요?
  - 소방서
- 소방서에서 무엇을 봤나요?
  - 여러 가지 소방차를 보았다.
  - 소방관들이 입는 방화복, 방독면을 보았다.
  - 소화기, 소방호스 등을 보았다.
  - 구급약을 보았다.
- 소방서에서 본 여러 가지 것 중 가장 신기했던 것은 무엇인가요?
  - 물을 저장한 차, 고가 사다리차, 연기를 밖으로 내보내는 차, 어두운 곳에 조명을 비춰 주는 차, 다친 사람을 병원으로 데려다 주는 차 등 여러 가지 일을 하는 소방차들을 보고 신기했다.
  - 소방호스로 물을 뿌리는 모습이 신기했다.

○ '동네 견학' 노래를 소개한다.

- 우리가 견학을 다녀온 이야기를 노래로 불러 볼 수도 있어요.

○ 교사가 노래를 부른다.

- 선생님이 먼저 노래를 불러 볼게요.
  - (유아들과 이야기 나누었던 내용을 노랫말에 넣어서 노래를 부른다.)

○ 피아노 소리로 음을 들려준다.

○ 노래자료를 사용하며 교사가 노래를 한 번 더 부른다.

○ 교사와 유아가 노래를 나누어 부른다.

- 선생님과 ○○○반 어린이들이 노래를 나누어서 불러 볼 거예요. 선생님이 '소방서에서 무엇을 봤나 생각을 해 보자' 부분을 부르면 ○○○반 어린이들이 '소방차, 소화기, 소방호스, 구급약 신기한 것 많았지' 부분을 불러 보세요.

○ 다 같이 노래를 부른다.

○ 노랫말을 바꾸어서 노래를 부른다.

- 소방서에서 본 것들 중 또 어떤 것을 넣어서 노래를 불러 볼까요?
  - 여러 가지 소방차들('사다리차, 물탱크차, 조명차, 구급차')로 노랫말을 바꿔 부르고 싶다.
- 이번에 부를 때는 (노래로) '사다리차, 물탱크차, 조명차, 구급차' 로 바꾸어서 불러 봅시다.

관련활동

- 이야기나누기 '유치원 동네' (56쪽 참고)
- 사회 '빵가게 현장학습' (63쪽 참고)
- 사회 '대학 축제 현장학습' (59쪽 참고)

악 보

동네 견학

작사 · 곡 김진영

활동 14 동네 지도 겹쳐 보기

집단형태

자유선택활동

활동유형

과학 영역

활동자료

OHP필름 위에 그려 제작한 지도 TIP 1, 빛상자(light box), 유치원 주변의 지역사회 기관 사진자료

'동네 지도 겹쳐 보기' 환경 구성

TIP 1 OHP필름 위에 지역사회의 기관을 표시한 유치원 주변 지도를 그려 제작한다. 이때 각각의 기관이 하나씩 그려진 낱장 지도들을 준비하여 한 장씩 겹쳐 놓으면서 지도를 완성할 수 있도록 한다. 각 지도의 옆면에는 지도의 제목 라벨을 붙여 유아들이 필요한 지도를 골라 겹쳐 볼 수 있도록 한다.

TIP 2 본 활동을 실시하기 전 유치원 동네에 있는 지역사회 기관의 종류와 기능에 대해 이야기를 나눈다. 현장학습을 통해 지역사회 기관의 지리적 위치와 기능에 대해 알아본 후 본 활동을 실시하여 유치원 주변에 대한 유아들의 흥미와 관심을 이끌고 유지시킨다.

활동목표

- 유치원 동네에 다양한 지역사회 기관이 있음을 안다.
- 지도의 기능에 관심을 갖는다.

활동방법

○ 유치원 주변의 지역사회 기관 사진을 보며 이야기 나눈다. TIP 2

- 이곳은 어디인가요?
  - 우체국
- 우체국에서는 무슨 일을 하나요?
  - 편지를 부친다.
  - 돈을 예금한다.
- 우체국 말고도 유치원 주변에는 우리가 편하게 살 수 있도록 도와주는 여러 가지 기관들이 있어요. 지도를 보면서 살펴보도록 해요.
- 어떤 곳들이 보이나요?
  - 병원, 경찰서, 가게, 학교

○ 활동자료를 살펴보며 활동방법을 이야기한다.

- 과학책상 위에 어떤 것들이 있나요?
  - 빛상자, 지도
- 지도는 어떤 종이로 만들어졌나요?
  - 투명한 OHP필름
- (유치원과 지역사회 기관이 모두 표시되어 있는 전체 지도를 보여 주며) 빛상자를 켜고 지도를 올려놓아 보세요.
- 어떤 곳들이 보이나요?
- (전체 지도를 내려놓고 지역사회 기관이 하나씩만 그려진 지도를 올려놓으며) 이번에는 우체국만 나타난 지도를 올려놓을게요.
- 여기에 경찰서만 나타난 지도도 겹쳐서 올려놓아 보세요. 무엇이 보이나요?
  - 우체국과 경찰서가 같이 보인다.
- 다른 지도들도 빛상자 위에 올려놓고 비춰 보세요. 어떤 곳들이 보이나요?
- 지도를 2~3장 골라 겹쳐서 올려놓아 보세요. 어떻게 보이나요?

• 한 장처럼 보인다.

• 각 지도에 있는 그림이 다 보인다.

■ 여러 장 겹쳐 지도를 완성해 봅시다.

○ 지도를 자유롭게 겹쳐 본다.

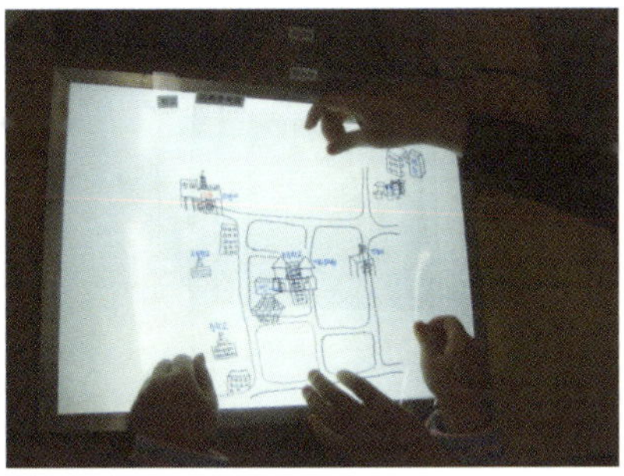

빛상자에 지도 겹쳐 올려놓기

관련활동

■ 이야기나누기 '유치원 동네' (56쪽 참고)

■ 조형 영역 '유치원 동네 구성하기' (58쪽 참고)

■ 조형 영역 '동네 모습 벽화 그리기' (82쪽 참고)

활동 15

동네 모습 벽화 그리기

집단형태

자유선택활동

활동유형

조형 영역

활동자료

네임펜, OHP필름, 투시물 환등기, 물감, 붓, 물통, 걸레, 팔레트, 천, 조각종이, 풀, 본드, 본드받침, 크레파스

TIP 1 교사는 유아들이 이야기한 지역사회 기관을 OHP필름 위에 그림으로 그린다. 교사가 그리는 모습을 시범 보인 후 유아에게 간단한 그림을 부탁할 수 있다.

TIP 2 OHP필름이 투시물 환등기를 통하여 투사되는 곳에 유아들이 그림을 그릴 수 있도록 흰 종이를 붙여 둔다.

벽면에 투사된 그림 따라 그리기

활동목표

- 유치원 동네에 다양한 지역사회 기관이 있음을 안다.
- 지도의 기능에 관심을 갖는다.

활동방법

○ 유치원 동네에 있는 여러 가지 건물에 대해 이야기 나눈다.

- ○○○반 어린이들은 무슨 동에 살고 있나요? 어떤 집에 살고 있나요?
  - ○○동에 있는 ○○아파트(주택)에 산다.
- 집에서 유치원까지 어떻게 오나요?
  - 걸어서 온다.
  - 자동차를 타고 온다.
- 집에서 유치원으로 오는 길에 어떤 것들을 보았나요?
  - 마트, 제과점, 아이스크림가게, 옷가게

○ 유아들이 나눈 이야기를 바탕으로 OHP필름에 그림을 그린다.

- 유치원 주변에서 볼 수 있는 것들을 그림으로 그려 볼게요.
- 유치원 주변에 어떤 것들이 있나요?
- 어디에 있나요?
  - 이화여자대학교 정문 바로 옆에 있다.
  - 지하철 역으로 가는 길에 있다.
  - ○○아파트로 가는 길에 있다.
- 선생님이 ○○를 그려 볼게요. TIP 1

○ 투시물 환등기에 OHP필름을 비추어 그림을 살펴본다. TIP 2

- 그림을 살펴봅시다. 유치원은 어디 있나요? 아이스크림가게는 어디에 있나요? 또 무엇이 있나요?

○ 벽화를 소개하고 벽면에 투사된 그림을 유성펜으로 따라 그린다.

- 유치원 주변 모습 그림이 완성되었어요. 이 그림을 벽화로 만들어 볼 거예요. 벽화가 무엇인지 알고 있나요?
  - 벽에 그린 그림
- 벽면을 아름답게 꾸미기 위하여 벽에 그리는 그림을 벽화라고 해요.

- 투시물 환등기를 통해 그림이 비추어지는 벽에 큰 도화지를 붙여 놓았어요. 그림의 테두리를 매직펜으로 따라 그릴 거예요.
- 유치원을 그리고 싶은 사람은 펜을 가지고 오세요. 유치원 근처의 아이스크림 가게(예: 빵가게, 아파트 등)를 그리고 싶은 사람은 펜을 가지고 오세요.

○ 그림이 완성된 후 투시물 환등기를 끄고 유아들이 그린 그림을 살펴본다.

○ 교실의 한쪽 벽면에 그림을 붙여 두고 크레파스와 물감으로 색칠을 한다. TIP 3

- 우리가 그린 유치원 동네 그림에 색칠을 해서 그림을 완성할 거예요.

TIP 3 교실의 한쪽 벽면에 그림을 붙여 두고 색칠을 하며 유아들과 함께 작업의 진행상황을 수시로 확인한다. 작업이 진행되는 동안에 바닥에 비닐이나 작업보를 깔아두어 물감이 바닥에 떨어지지 않도록 한다.

유의점

- 본 조형 활동은 하루에 완성하기 어려우므로 유아의 흥미와 집중 정도를 고려하여 활동을 나누어 실시한다. 유치원 동네 기관에 대해 이야기하고 OHP필름 위에 그림 그리기, 투시물 환등기로 그림 비추어 벽화 그리기, 벽화 색칠하기 등으로 나누어 실시한다.

관련활동

- 이야기나누기 '유치원 동네' (56쪽 참고)
- 과학 영역 '동네 지도 겹쳐 보기' (80쪽 참고)
- 조형 영역 '유치원 동네 구성하기' (58쪽 참고)

활동 16

달팽이집을 지읍시다

집단형태

대집단활동

활동유형

율동

활동자료

우산 살 끝에 인형이 달려 있는 우산

'달팽이 집을 지읍시다' 활동자료

활동목표

- 공간의 넓이 개념을 안다.
- 노래에 맞추어 규칙성 있는 동작을 표현한다.

활동방법

○ 손유희를 하면서 '달팽이집을 지읍시다' 노래를 부른다. 특히 '점점 좁게'와 '넓게'의 뜻을 알 수 있도록 손동작을 정확하게 한다.

○ 인형이 달린 우산을 보여 주며 우산을 조작한다.

- 노랫말에 맞추어 인형들이 어떻게 움직이는지 잘 보세요.
  - '달팽이 집을 지읍시다' : 우산을 펴서 돌린다.
  - '어여쁘게 지읍시다' : 우산을 반대편으로 돌린다.
  - '점점 좁게 점점 좁게' : 우산을 점차 접어서 인형 간의 간격이 좁아지게 한다.
  - '점점 넓게 점점 넓게' : 우산을 점점 펴서 인형들의 간격이 넓어지게 한다.
  - '달팽이 집을 지읍시다' : 우산을 펴서 돌린다.
  - '어여쁘게 지읍시다' : 우산을 반대편으로 돌린다.

인형이 달린 우산의 움직임 보며 율동방법 알아보기

○ 반집단의 유아들이 나와서 율동을 한다.

- 먼저 의자에 앉은 어린이들이 나와서 율동을 해볼 거예요. 먼저 율동할 어린이들을 불러 줄게요. 앞에 나와서 동그랗게 서세요. 앉아 있는 사람들은 노래를 부르면서 친구들이 율동하는 모습을 보도록 해요.
  - '달팽이집을 지읍시다' : 원대형으로 손을 잡고 오른쪽 편으로 돌면서 걸어간다.
  - '어여쁘게 지읍시다' : 원대형으로 손을 잡고 왼쪽 편으로 돌면서 걸어간다.

- '점점 좁게 점점 좁게' : 점점 안으로 들어가며 원을 작게 만든다.
- '점점 넓게 점점 넓게' : 점점 밖으로 나오며 원을 크게 만든다.
- '달팽이집을 지읍시다' : 원대형으로 손을 잡고 오른쪽 편으로 돌면서 걸어간다.
- '어여쁘게 지읍시다' : 원대형으로 손을 잡고 왼쪽 편으로 돌면서 걸어간다.

○ 율동을 한 모습, 태도, 앉아서 본 사람들의 태도에 대하여 간단하게 평가를 한다.

- 율동을 할 때 어떤 점이 재미있었나요?
- 율동을 할 때 불편한 점이 있었나요?
- 앉아서 친구들의 율동을 보았던 어린이들이 노래를 잘 불러 주어서 율동을 했던 친구들이 더욱 즐겁게 율동할 수 있었어요.

○ 다른 반 집단 유아들이 나와서 율동한다.

○ 전체 유아들이 다 함께 나와서 율동한다.

'달팽이집을 지읍시다' 율동하기

유의점

- 유아들이 움직이기 불편하거나 유아들끼리 부딪치지 않도록 율동을 하기 전 교사가 충분한 개인 공간을 확보해 준다.
- '점점 넓게', '점점 좁게' 부분에서는 율동을 하는 어린이들끼리 속도와 보폭을 맞추어 원대형이 유지되게 한다.

확장활동

- 유아들이 율동에 익숙해지면 두 겹의 원을 만들어 율동을 하는 등 방법을 다양하게 할 수 있다.

손동작

활동 17

다양한 북 연주하기

집단형태

소집단활동(약 10명) · 자유선택활동

활동유형

이야기나누기 · 음률 영역

활동자료

북, 봉고드럼, 젬베, 콩가, 두드려서 소리 낼 수 있는 물건(예: 페트병, 냄비, 프라이팬, 조롱박 등)

콩가

젬베

봉고드럼

활동목표

- 다양한 북의 명칭과 생김새, 소리 특징을 안다.
- 악기를 즐겁게 연주하는 태도를 기른다.

활동방법

○ 악기가게로 현장학습 다녀온 기억을 회상하며 활동을 도입한다.

- 악기가게에서 어떤 악기들을 보았나요?
  - 북, 마라카, 카바사, 캐스터네츠, 심벌즈, 실로폰
- 우리가 본 악기 중 어떤 악기의 소리를 들려줄게요. 선생님이 들려주는 악기소리를 듣고 어떤 악기인지 알아맞혀 보세요.
- (북소리 들려주기) 어떤 악기일까요?
  - 북

○ 북의 생김새 및 소리를 탐색한다.

- 북은 어떻게 생겼나요?
  - 동그란 모양이다.
  - 통처럼 생겼다.
- 북은 무엇으로 만들었을까요?
  - 둥근 몸통은 나무로 만들었다.
  - 몸통의 양쪽 면에 가죽을 팽팽하게 씌워 만들었다.
- 북은 어떻게 연주할까요?
  - 채로 가죽의 가운데 부분을 쳐서 소리를 낸다.
- 북소리를 다시 한 번 들어보세요.

○ 여러 가지 종류의 북이 있음을 이야기한다.

- 조금 전에 우리가 보았던 악기는 우리나라의 북이에요. 우리나라의 북 외에도 두드려서 소리를 내는 여러 가지 북이 있어요.

○ 봉고드럼의 생김새 및 소리를 탐색한다.

- (봉고드럼 보여 주기) 이 악기는 어떻게 생겼나요?
  - 작은 북 2개가 연결되어 있다.
  - 한 북은 크기가 크고 다른 한 북은 크기가 작다.

- 이 악기의 이름은 '봉고드럼' 이에요. 봉고드럼은 '쿠바' 라는 나라에서 만든 악기예요.
- 봉고드럼은 무엇으로 만들었을까요?
  - 둥근 몸통은 나무로 만들었다.
  - 몸통의 위쪽 면에 가죽을 팽팽하게 씌워 만들었다.
- 봉고드럼은 어떻게 연주할까요?
  - 연주하는 사람이 앉아서 봉고드럼을 두 무릎 사이에 끼고 양손의 손가락으로 쳐서 소리를 낸다.
- 봉고드럼 소리를 들어보세요.

○ 젬베의 생김새 및 소리를 탐색한다.

- (젬베 보여 주기) 이 악기는 어떻게 생겼나요?
  - 밑 부분에서 중간 부분까지는 좁아지다가 중간 부분부터 윗부분까지는 다시 넓어진다.
- 이 악기의 이름은 '젬베' 예요. 이 악기는 아프리카에서 만들고 연주하던 악기예요.
- 젬베는 무엇으로 만들었을까요?
  - 몸통은 나무로 만들었다.
  - 몸통의 위쪽 면에 가죽을 씌워 만들었다.
  - 몸통의 윗부분에는 여러 줄의 끈을 묶어서 연결하였다.
- 젬베는 어떻게 연주할까요?
  - 손으로 가죽 부분을 두드려서 연주한다.
- 젬베 소리를 들어보세요.
- 젬베 소리가 어떤가요?

○ 콩가의 생김새 및 소리를 탐색한다.

- (콩가 보여 주기) 이 악기는 어떻게 생겼나요?
  - 길쭉한 통 모양이다.
  - 봉고드럼, 젬베보다 크기가 크다.
- 이 악기의 이름은 '콩가' 예요. 콩가도 젬베처럼 아프리카에서 만들고 연주하던 악기예요.
- 콩가는 무엇으로 만들었을까요?
  - 몸통은 나무로 만들었다.
  - 몸통의 위쪽 면에 가죽을 붙여서 만들었다.
- 콩가는 어떻게 연주할까요?
  - 손이나 막대기를 가죽 부분을 두드려서 소리를 낸다.
- 콩가 소리를 들어보세요.

다양한 북 연주하기

■ 콩가 소리가 어떤가요?

• 소리가 힘차게 울린다.

■ 방안놀이 시간에 지금 알아본 여러 가지 북들을 연주해 볼 수 있어요.

○ 유아들 주변에 있는 물건들 중 두드려서 소리를 낼 수 있는 물건을 찾아본다.

■ 우리가 사용하는 물건 중에서 이렇게 두드려서 소리를 낼 수 있는 악기에는 어떤 것이 있을까요?

• 조형장에 있는 재활용품 중에서 페트병을 연결해서 두드린다.

• 냄비뚜껑이나 프라이팬을 주걱으로 두드린다.

• 대나무 채로 조롱박을 두드린다.

○ 유아들과 함께 두드려서 소리 나는 물건 악기를 만든다.

○ 여러 가지 종류의 북, 두드리는 악기를 연주하며 소리를 비교한다.

활동 18 자석에 붙는 것과 붙지 않는 것 분류하기

활동목표

- 물건을 특정한 분류기준에 의해 분류한다.
- 자석에 붙는 것과 붙지 않는 것의 특성에 관심을 갖는다.
- 실험을 통해 자석의 성질을 이해한다.

활동방법

○ 활동자료를 소개한다.
- 과학 영역에 무엇이 있나요?
    - 여러 가지 물건들, 자석, 물건의 이름이 적힌 카드
- 자석은 언제, 어떻게 사용하는 물건인가요?
    - 물건을 들어 올리거나 분류할 때 사용한다.
- 자석에는 어떤 물건이 붙나요?
    - 쇠로 만들어진 물건

○ 활동방법을 이야기한다.
- 과학 영역에 있는 여러 가지 물건 중에서 자석에 붙는 것과 붙지 않는 것을 분류하는 놀이를 할 거예요.
- 자석에 붙는 것과 붙지 않는 것을 어떻게 알 수 있을까요?
    - 눈으로 본다.
    - 손으로 만져 본다.
    - 자석으로 직접 붙여 본다.
- 물건에 자석을 갖다 대어 붙는 물건과 붙지 않는 물건을 분류할 수 있어요.
- 물건이 자석에 붙으면 '자석에 붙어요' 라고 적혀 있는 말굽자석 모양의 판에 카드를 붙이세요. 물건이 자석에 붙지 않으면 '자석에 붙지 않아요' 라고 적혀 있는 말굽자석 모양의 판에 카드를 붙이세요.

자석에 붙는 물건과 붙지 않는 물건 분류하기

집단형태

자유선택활동

활동유형

과학 영역

활동자료

자석에 붙는 물건과 물건의 사진과 이름이 적힌 카드(예: 트라이앵글, 가위, 너트, 볼트, 머리핀, 클립, 찍기틀, 옷핀, 카드링 등), 자석에 붙지 않는 물건과 물건의 사진과 이름이 적힌 카드(예: 나무막대기, 구슬, 스펀지, 요구르트병, 색연필, 사인펜, 풀뚜껑, 단추 등) TIP, 여러 가지 모양의 자석(예: 말굽자석, 막대자석 등)

'자석에 붙는 것과 붙지 않는 것' 활동자료

TIP 유아들이 교실 및 가정에서 쉽게 접할 수 있는 물건 중에서 자석에 붙는 것과 붙지 않는 물건을 선정하여 자료를 제작한다. 물건 카드는 코팅을 한 후 뒤에 벨로크테이프를 붙여 자석에 붙는 것과 붙지 않는 것을 게시자료에 분류할 수 있도록 제작한다.

부 록

1. 주간교육계획안

만 4세 ○○○ 반 주간교육계획안 20○○학년도 ○월 ○주	생활주제	동네와 지역사회	주 제	우리 동네 유치원 동네
목 표	유아들이 살고 있는 동네와 유치원 주변 지역에 관심을 갖는다. / 여러 종류의 가게 및 지역사회 기관의 명칭과 기능을 안다. / 유치원의 형, 언니와 함께 요리를 하며 즐거움을 느끼고 친근감을 갖는다.			

활동	요일/날짜	월(○일)	화(○일)	수(○일)	목(○일)	금(○일)	평 가
자유선택활동	쌓기 놀이 영역	• 우리 동네 마을 만들기 • 소방서 만들기 • 와플블록으로 구성물 만들기 →					
	역할 놀이 영역	• 빵가게 놀이하기 • 미용실 놀이하기(역할 정하기, 머리 파마하기-파마해 주기, 머리 감기-감겨 주기, 손님이 많을 경우 차 마시면서 기다리기, 계산하기 등) →					
	언어 영역	• '동네와 지역사회' 생활주제 관련 그림책(고릴라아저씨네 빵집, 이슬이의 첫 심부름 등) 보기 • '장바구니' 동화자료로 인형극하기 • '과일' 단어책에 나와 있는 글자 쓰기					
	수학 · 조작 영역	• '동네와 지역사회' 생활주제 관련 수학 · 조작교구(지역사회 기관 조각그림 연결하기, 빵 사오기 그룹게임)하기 • 그림 맞추기(우리 동네 퍼즐) →					
	과학 · 컴퓨터 영역	• 당근 수경재배 관찰하기 • 동네 지도 겹쳐 보기 • 소라게 관찰하기 • 강아지로봇과 놀이하기 →					
	조형 영역	• 집 만들기	• 우리 동네 구성하기 →		• 생일 그림 그리기	• 내가 살고 싶은 집 그림 그리기	
	음률 영역	• '동네와 지역사회' 생활주제 관련 악기 연주하기 • '페르시아 시장' 음악감상하기 • 다람쥐반 어린이들이 녹음한 노래 듣기 →					
	실외 영역	• 베란다 : 악기연주하기, 종이원통블록으로 탑 쌓기 • 마당: 그림자 밟기 / 종합놀이터, 모래놀이터, 대근육기구 놀이하기 / 자전거 타기 / 축구하기 / 토끼 관찰하기 →					
대 · 소집단활동	이야기나누기	• ○○○ 반과 함께 요리하기		• 내가 사는 동네 • 그림책 본 소감 발표하기	• ○○○ 생일 축하		
	동화 · 동극 · 동시	• 해와 달이 된 오누이(OHP)	• 장바구니(융판)			• 어디로 가야 할까요?(동시)	
	음 악			• 우리 동네(새 노래)	• 기쁨 주는 생일	• '페르시아 시장' 음악감상하기	
	율 동				• 달팽이집을 지읍시다		
	체 육	• 신체부위 마주 대기 / 몸으로 여러 가지 모양 만들기				• 캥거루 경주(게임)	
	게 임		• 장 보기				
	수 학					• 물건과 가게 연결하기(분류)	
	과 학	• ○○○ 반과 함께 요리 '딸기 · 바나나주스 만들기' (소, 3집단)		• 우주발사체에 관심 가지기			
	사 회			• 나로호 발사	• 예배(○○○ 전도사님)		
	바깥놀이		• 나뭇가지로 그림 그리기				
	간 식	• 딸기 · 바나나주스(요리), 치즈 쌀케이크	• 찐 만두2, 알로에주스	• 바람떡2, 우유	• 생일간식(떡), 과일, 우유	• 야채죽, 수박	
	전이 · 주의집중	• 그림자 보고 물건 알아맞히기	• '심부름' 수수께끼	• 지역사회 기관 조각그림 연결하기	• '기쁨 주는 생일' 노래 부르기	• 악기소리에 맞추어 손뼉 치기	
	귀가지도	• 일과 평가하기 • 바르게 인사하기	• 내일은 책을 빌리는 날이므로, 전 주에 빌려간 책 가져오기	• 그림책 가지고 가기 • 내일은 ○○○의 생일 축하를 하고 예배를 드릴 것임	• 내일은 점심 먹는 날이므로 도시락 가지고 오기	• 도시락, 실내화 가지고 가기 • 주말 동안 잘 지내기	
비 고			※ 6월 부모회(참관 및 강연) ※ 그림책 반납 및 대출		※ ○○○ 생일 축하 ※ 예배(○○○ 전도사님)	※ 점심 먹는 날(귀가시간 12:50/ 부모조력 : ○○○ 어머니)	
총 평							

만 4세 ○○○ 반 주간교육계획안 20○○ 학년도 ○ 월 ○ 주	생활주제	동네와 지역사회 여름	주 제	유치원 동네 단오
목 표	유치원이 있는 동네의 이름을 안다. / 유치원이 속해 있는 이화여자대학교의 여러 기관에 관심을 갖는다. / 지역사회 기관의 명칭과 기능에 대해 안다. / 단오의 의미와 풍습을 안다.			

활동	요일/날짜	월 (○일)	화 (○일)	수 (○일)	목 (○일)	금 (○일)	평 가
자유선택활동	쌓기 놀이 영역	• 소방서 만들기 • 우리 동네 마을 만들기 • 와플블록으로 구성물 만들기 →					
	역할 놀이 영역	• 빵가게 놀이하기 • 미용실 놀이하기(역할 정하기, 머리 파마하기 - 파마해 주기, 머리 감기-감겨 주기, 손님이 많을 경우 차 마시면서 기다리기, 계산하기 등) →					
	언어 영역	• '동네와 지역사회' 생활주제 관련 그림책(고릴라아저씨네 빵집, 이슬이의 첫 심부름 등) 보기 • '장바구니' 동화자료로 인형극하기 • '과일' 단어책에 나와 있는 글자 쓰기					
	수학 · 조작 영역	• '동네와 지역사회' 생활주제 관련 수학 · 조작교구(지역사회 기관 조각그림 연결하기, 빵 사오기 그룹게임)하기 • 그림 맞추기(우리 동네 퍼즐) →					
	과학 · 컴퓨터 영역	• 고구마 수경재배 관찰하기 • 동네 지도 겹쳐 보기 • 소라게 관찰하기 →					
	조형 영역	• 내가 살고 싶은 집 그림 그리기	• 단오 부채 만들기 →		• CD케이스 공판화 →		
	음률 영역	• '동네와 지역사회' 생활주제 관련 악기 연주하기 • '페르시아 시장' 음악감상하기 • 다람쥐반 어린이들이 녹음한 노래 듣기 →					
	실외 영역	• 베란다 : 악기연주하기, 종이원통블록으로 탑 쌓기 • 마당 : 그림자 밟기 / 종합놀이터, 모래놀이터, 대근육기구 놀이 / 자전거 타기 / 축구하기 / 토끼 관찰하기 →					
대 · 소집단활동	이야기나누기	• 유치원 동네 • 소방서	• 단오의 의미와 풍습 • 단오 부채 만들기	• 만5세 유아들이 만들어 준 단오음식(수리취떡, 오미자차)	• 우리 동네 안전 지킴이집	• 빵가게 현장학습	
	동화 · 동극 · 동시	• 이슬이의 첫 심부름(PPT)				• 구리와 구라의 빵 만들기	
	음 악				• 동네 견학(새노래)		
	율 동		• 즐거운 음악회(체조)				
	체 육				• 걷기		
	게 임			• 빵 사오기			
	수 학						
	과 학			• 말린 창포 관찰하기			
	사 회	• 소방대피훈련	• 여름철 놀이 안전(자외선차단제 바르기, 모자 착용하기)		• 예배(○○○ 전도사님)		
	바깥 놀이			• 창포물에 머리 감기			
	간 식	• 순쌀모닝빵1, 우유	• 양송이수프, 현미뻥튀기3	• 수리취떡2, 오미자차	• 삶은 달걀1/2, 수박1	• 증편2, 우유	
	전이 · 주의집중	• '우리 동네' 노래 부르기	• ○○처럼 해봐요	• 단오 부채 자리 바꾸기	• 안전 지킴이집 표시 보기	• 여러 종류의 빵 자리 바꾸기	
	귀가지도	• 일과 평가하기 • 바르게 인사하기	• 내일 책을 빌릴 것이므로 유치원에서 빌려간 책 가져오기 • 내일 창포물에 머리를 감을 것임	• 그림책 가지고 가기 • 내일은 예배를 드릴 것임	• 내일은 빵가게로 현장학습을 갈 것임 • 도시락 가지고 오기	• 도시락, 실내화 가지고 가기 • 주말동안 잘 지내기	
비 고		※ 소방대피훈련	※ 단오절 기념활동	※ 단오(단오절 기념활동) ※ 그림책 반납 및 대출	※ 예배(○○○ 전도사님)	※ 현장학습 '빵가게' (조력 부모님: ○○○, ○○○, ○○○, ○○○) ※ 점심 먹는 날(귀가시간 12:50)	
총 평							

2. 일일교육계획안

담임	원감	원장

학급명	○○○반 (만 4세)	날 짜	20○○년 ○월 ○일 ○요일	수업일수	○○/○○○ 일
생활주제	동네와 지역사회	주 제	우리 동네 유치원 동네	소주제	소방서와 소방차에 대해 알기 화재 시 대피방법 알고 대피훈련 참여하기 유치원 동네 주변 지역에 관심 갖기
목 표	지역사회 기관인 소방서의 기능을 알고 감사한 마음을 갖는다. / 소방대피훈련을 통해 위험한 상황에 대처하는 능력을 기른다. / 유치원이 있는 동네의 이름을 알고, 유치원이 속해 있는 이화여자대학교의 여러 기관에 관심을 갖는다.				
일일 시간표	9:00 ~ 등원 및 실내자유선택활동 9:45 ~ 정리정돈 및 화장실 다녀오기 9:55 ~ 이야기나누기 '소방서' 및 소방대피훈련 10:20 ~ 간식 '순쌀모닝빵, 우유' 10:45 ~ 실외자유선택활동 11:35 ~ 정리정돈 및 화장실 다녀오기 11:45 ~ 이야기나누기 '유치원 동네' 및 PPT동화 '이슬이의 첫 심부름' 12:10 ~ 귀가지도				

시간 / 활동명	활 동 목 표	활 동 내 용	준비물 및 유의점	평 가
9:00~ 등원 및 실내자유 선택활동	• 선생님께 바르게 인사하는 태도를 기른다. • 자신이 살고 싶은 집의 형태와 구조를 창의적으로 표현한다. • 블록으로 가게의 형태를 구성하고 물건을 사고파는 놀이를 한다.	• 등원 및 인사 나누기 - 선생님과 인사 나누기 - 출석 표시판에 이름표 붙이기 • 실내자유선택활동하기 [조형] 내가 살고 싶은 집 그리기 - 자신의 살고 싶은 집 상상해 보기 → 그림 그리기 → 어떤 집인지 이야기 구성하기(교사가 이야기 써 주기) - 재활용품으로 구성하기 [쌓기] 시장 만들기 / 소방서 만들기 - 블록으로 여러 종류의 가게 만들기 - 가게에 가서 필요한 물건 구입하기 - 소방서 만들기(코코블록으로 소방서 만들기)	• 출석 표시판(유치원 동네 지도), 이름표(유아들이 그린 '나' 그림) • 조형 : 도화지, 크레파스, 색연필, 사인펜 • 쌓기 : 종이벽돌블록, 미니할로우블록, 차밍블록, 코코블록(소방서 만들기)	

시간 / 활동명	활 동 목 표	활 동 내 용	준비물 및 유의점	평 가
	• 미용실 상황과 역할에 알맞은 대사와 행동을 표현한다. • 읽기, 쓰기에 관심을 갖고, 책 보기를 즐긴다. • 수학 · 조작교구와 그림 맞추기 하는 방법을 알고 놀이에 참여한다. • 식물의 성장과정에 관심을 갖는다. • 음률 영역에 있는 악기를 바르게 연주한다. • 올바른 기본생활습관을 형성한다.	[역할] 미용실 놀이하기 - 미용실에서 역할(손님, 미용사) 정하기 - 손님이 원하는 대로 머리 손질해 주기 - 계산하고 인사하기 [언어] '동네와 지역사회' 생활주제 관련 그림책 보기 - '고릴라 아저씨네 빵집', '우리 동네 할머니' 등 그림책 보기 - '음식' 책에 나오는 단어 보고 쓰기 [수학 · 조작] '동네와 지역사회' 생활주제 관련 조작교구, 그림 맞추기 - '지역사회 기관 조각그림 연결하기', '빵 사오기 그룹게임' 하기 - 나무퍼즐, 종이퍼즐 맞추기 [과학] 고구마 수경재배 - 고구마 수경재배 관찰하기 [음률] 음률 영역에 있는 악기 연주하기 - 막대탬버린, 셰이커, 귀로, 롤리팝 연주하기 - ○○○반 어린이들이 녹음한 노래 감상하기 • 기본생활습관 지도하기 - 바르게 인사하기, 실내에서 걸어 다니기, 놀던 장난감 정리하기	• 역할 : 샤워기, 머리 감는 곳, 샴푸, 린스, 파마약통, 파마도구, 가운, 드라이어, 빗 등 • 언어 : 그림책, 연필, 지우개, 종이, 단어책 • 수학 · 조작 : 지역사회 기관 조각그림 코팅자료, 빵 사오기 그룹게임 세트, 퍼즐류 • 과학 : 고구마 수경재배, 돋보기 • 음률 : 막대탬버린, 셰이커, 귀로, 롤리팝 등, 녹음테이프, 카세트테이프 플레이어	
9:45~ 정리정돈 및 화장실 다녀오기	• 자기가 가지고 놀던 놀잇감을 정리할 수 있다. • 친구를 도와줄 수 있다.	• 자기가 놀았던 영역부터 정리하기 • 다른 영역 정리 도와주기 • 화장실 다녀오기		
9:55~ 이야기나누기 '소방서' 및 소방대피훈련	• 지역사회 기관인 소방서의 기능에 대해 안다. • 소방대피훈련의 필요성을 알고, 소방대피훈련에 진지한 태도로 참여한다.	◎ 이야기나누기 '소방서' 및 소방대피훈련 • 자리정돈 및 주의집중: 소방서 사진 부분 보고 알아맞히기 • 소방대피훈련 이야기나누기 - 오늘 10시경 소방대피훈련을 할 것임 - 소방대피훈련이 무엇인가요? (불이 났다고 생각하고 대피하는 연습을 하는 것) - 소방대피훈련은 왜 필요할까요? (실제로 불이 났을 때 안전하게 대피할 수 있도록 연습하는 것임) - 사이렌이 울리면 어떻게 해야 할까요? (바깥으로 나가는 초록 문을 통해 나가기, 실내화를 신은 채로 계단과 미끄럼으로 내려가기, 마당 가운데에 두 줄로 앉기) - 어떤 약속을 지켜야 할까요? (빠른 걸음으로 대피하기, 다른 사람을 밀거나 치지 않도록 조심하기, 웃거나 장난치지 말기, 마당에서 모래 만지지 말기)	• 사진자료(소방서, 소방차) * 10시경 소방대피훈련을 실시할 예정이므로 이야기나누기 중에 사이렌이 울리면 대피훈련에 참여한다.	

시간 / 활동명	활 동 목 표	활 동 내 용	준비물 및 유의점	평 가
		• 소방서와 소방차에 대해 이야기나누기 - 여기가 어디일까요? (소방서) - 소방서임을 어떻게 알았나요? 소방서는 어떻게 생겼나요? (소방서 입구에 소방차가 주차되어 있음. 불이 났을 때 빨리 나가기 위함임) - 소방차는 어떻게 생겼나요? 무엇이 있나요? (빨간색임. 물탱크가 있음. 호스가 달려 있어서 물을 뿜을 수 있음) - 소방서, 소방차를 본 적이 있나요? 어디에서 보았나요? (길을 지나가다가 소방차를 보았음, 집 근처에 소방서가 있음 등) - 소방서는 동네마다 있음. 왜 동네마다 있어야 할까요? (불이 난 곳에 빨리 가야 하므로 가까운 곳에 있어야 함) - 우리 동네에 소방서가 있어서 어떤 점이 좋은가요? (불을 꺼주고 사람을 구해 주고 아픈 사람을 병원에 데려다 주기도 함)		
10:20~ 간식 '순쌀모닝빵, 우유'	• 손을 깨끗이 씻는다. • 음식을 골고루 먹는다.	• 화장실에서 손 씻기 • 간식 먹기 • 간식을 다 먹은 후 조형 · 언어 · 과학 영역 놀이하기	- 간식차 가져오기 및 손씻기 지도: ○○○ 교사 - 간식준비 및 지도: ○○○ 교사	
10:45~ 실외자유 선택활동	• 실외놀이규칙을 지키며 안전하게 놀이한다. • 실외놀이시설을 안전하게 사용한다. • 여름철 동식물의 모습을 관찰하고 탐구하는 태도를 기른다.	• 실외자유선택활동하기 [종합놀이터] 줄 잡고 올라가기, 미끄럼틀, 그물, 흔들다리 등 [모래놀이터] 모래놀이용구로 산, 강 만들기 [대근육기구] 목마, 그네, 네스팅브리지, 구름다리 놀이하기 [운동장] 축구하기 [소꿉놀이방] 전통 그릇, 소품으로 소꿉놀이하기 • 규칙 지키면서 안전하게 놀이하기 • 여름철 동식물 관찰하기 - 화단의 야생화 관찰하기 - 마당놀이집 토끼방의 토끼 관찰하기 - 개미 등 곤충 관찰하기	• 탬버린, 유아명단 - 종합놀이터 지도: ○○○ 교사 - 전체: ○○○ 교사 *교사는 유아들이 안전하게 놀이하도록 지도한다.	
11:35~ 정리정돈 및 화장실 다녀오기	• 자기가 가지고 놀던 놀잇감을 정리할 수 있다. • 친구를 도와줄 수 있다.	• 탬버린 소리가 나면 정리하고 선생님 앞에 줄서기 • 외투는 한 손에 잘 들고 있기 • 교실에 들어가서 신발, 겉옷 정리하고 화장실에 가서 손 씻기 • 물 마시기	- 유아 인솔: ○○○ 교사 - 유아 수 확인: ○○○ 교사	

시간 / 활동명	활 동 목 표	활 동 내 용	준비물 및 유의점	평 가
11:45~ 이야기나누기 '유치원 동네' 및 PPT동화 '이슬이의 첫 심부름'	• 유치원이 있는 동네 이름을 안다. • 자신이 속한 지역사회에 관심을 갖는다. • 동화의 줄거리를 이해하며 감상한다.	◎ 이야기나누기 '유치원 동네' 및 PPT동화 '이슬이의 첫 심부름' • 자리정돈 및 주의집중 : '우리 동네' 노래 부르기 • 유치원이 있는 동네에 대해 이야기나누기 - 우리 유치원이 있는 동네 이름은 무엇일까요? (대현동) - 그럼 유치원이 있는 대현동에는 어떤 곳이 있을까요? (이화여자대학교가 있다. 아파트, 은행, 병원, 빵가게, 음식점 등이 있다.) • 유치원이 속해 있는 이화여자대학교에는 어떤 곳들이 있는지 이야기나누기 - 우리 유치원은 이화여자대학교 안에 있어요. 이화여자대학교에는 또 어떤 곳들이 있는지 살펴봐요. (이화여자대학교 캠퍼스지도 살펴보기) - 부속학교 : 초등학교, 중학교, 고등학교 - 대학 건물 : 생활환경관, 국제교육관, 대강당, 대학교회 등 - 박물관: 박물관, 자연사박물관 - ECC : 은행, 문구점, 서점, 빵가게, 편의점, 음식점 등 • 이화여자대학교 견학 일정 계획하기 - 이번 주 금요일에는 이대 빵가게에 가볼 것임 - 빵가게 외에 또 가보고 싶은 곳은 어디인가요? (유아들이 이야기하는 곳 이화여대 지도에 표시하면서 갈 수 있는 곳과 없는 곳 구분하기) • PPT동화 '이슬이의 첫 심부름' 듣기 - 이슬이는 어디로 심부름을 가는지 동화를 들어보세요.	• PPT자료(대현동 지도, 이화여대 캠퍼스맵), PPT동화자료, 동화대본	
12:10~ 평가 및 귀가지도	• 귀가 전 해야 할 일을 알고 스스로 하는 습관을 기른다. • 바르게 인사하는 습관을 기른다.	• 일과 평가하기 • 여름철 놀이 안전 이야기하기 - 여름에는 햇볕이 강하기 때문에 자외선차단제를 바르고, 모자를 쓰는 것이 좋음 - 유치원에 올 때 자외선차단제 바르기, 개인장에 모자를 가져다 놓으면 마당 놀이 나갈 때 쓸 수 있음 • 출석 표시 정리하기 • 바르게 인사하기	- 복도 : ○○○ 교사 - 유아 인솔 : ○○○ 교사	
비 고	※ 소방대피훈련			
총 평				

참고문헌

이기숙 · 김희진 · 이경미 · 이순영(1998). 유아를 위한 소비자교육 프로그램. 양서원.

이은화 · 김순세(1973). 어린이 춤곡. 형설출판사.

이화여자대학교 사범대학 부속이화유치원(1970). 노래동산.

이화여자대학교 사범대학 부속이화유치원(1987). 유아를 위한 즐거운 놀이.

이화여자대학교 사범대학 부속이화유치원(1992). 5세 어린이를 위한 유치원 교육과정 운영의 실제. ⑧ 지역사회. 교문사.

아동안전지킴이집(2011). http://www.childsafetyhouse.go.kr

저자소개

홍용희 이화여자대학교 사범대학 부속이화유치원 원장
이화여자대학교 사범대학 유아교육과 교수

오지영 이화여자대학교 사범대학 부속이화유치원 원감

강은정 현 이화여자대학교 사범대학 부속이화유치원 교사

김은수 현 이화여자대학교 사범대학 부속이화유치원 교사

김혜전 전 이화여자대학교 사범대학 부속이화유치원 교사

이예린 현 이화여자대학교 사범대학 부속이화유치원 교사

장정윤 전 이화여자대학교 사범대학 부속이화유치원 교사

이화유치원 교육과정 운영의 실제

만 4세 ❻ 동네와 지역사회

2011년 12월 19일 초판 인쇄
2011년 12월 26일 초판 발행

지은이 이화여자대학교 사범대학 부속이화유치원
펴낸이 류제동
펴낸곳 (주)교 문 사

책임편집 윤정선
본문디자인 아트미디어
표지디자인 이수미
제작 김선형
영업 정용섭·이진석·송기윤

출력 아트미디어
인쇄 동화인쇄
제본 한진제본

우편번호 413-756
주소 경기도 파주시 교하읍 문발리 출판문화정보산업단지 536-2
전화 031-955-6111(代)
팩스 031-955-0955
등록 1960. 10. 28. 제406-2006-000035호

홈페이지 www.kyomunsa.co.kr
E-mail webmaster@kyomunsa.co.kr
ISBN 978-89-363-1157-5 (93370)
ISBN 978-89-363-1141-4 (93370) 전 36권

값 14,000원